plurall

Parabéns!
Agora você faz parte do **Plurall**, a plataforma digital do seu livro didático! Acesse e conheça todos os recursos e funcionalidades disponíveis para as suas aulas digitais.

Baixe o aplicativo do **Plurall** para Android e IOS ou acesse **www.plurall.net** e cadastre-se utilizando o seu código de acesso exclusivo:

AAAA383DG

Este é o seu código de acesso Plurall.
Cadastre-se e ative-o para ter acesso aos conteúdos relacionados a esta obra.

CB026455

@plurallnet

@plurallnetoficial

SOMOS
EDUCAÇÃO

Projeto **Ápis**

ANA MARIA TRINCONI BORGATTO

Licenciada em Letras pela Universidade de São Paulo (USP).
Mestra em Letras pela USP.
Pós-graduada em Estudos Comparados de Literaturas de Língua Portuguesa pela USP.
Pedagoga graduada pela USP.
Professora universitária.
Professora de Língua Portuguesa dos Ensinos Fundamental e Médio.

TEREZINHA COSTA HASHIMOTO BERTIN

Licenciada em Letras pela USP.
Mestra em Ciências da Comunicação pela USP.
Pós-graduada em Comunicação e Semiótica pela Pontifícia Universidade Católica de São Paulo (PUC-SP).
Professora universitária.
Professora de Língua Portuguesa dos Ensinos Fundamental e Médio.

VERA LÚCIA DE CARVALHO MARCHEZI

Licenciada em Letras pela Universidade Estadual Paulista "Júlio de Mesquita Filho" (Unesp-SP, *campus* Araraquara).
Mestra em Letras pela USP.
Pós-graduada em Estudos Comparados de Literaturas de Língua Portuguesa pela USP.
Professora universitária.
Professora de Língua Portuguesa dos Ensinos Fundamental e Médio.

LÍNGUA PORTUGUESA

1º ANO

Ensino Fundamental

editora ática

editora ática

Presidência: Mario Ghio Júnior

Direção de soluções educacionais: Camila Montero Vaz Cardoso

Direção editorial: Lidiane Vivaldini Olo

Gerência editorial: Viviane Carpegiani

Gestão de área: Tatiany Renó

Edição: Luciana Nicoleti (coord.), Carlos Eduardo de Oliveira, Patrícia Rocco S. Renda, Simone de Souza Poiani e Solange de Oliveira

Planejamento e controle de produção: Flávio Matuguma, Juliana Batista, Felipe Nogueira e Juliana Gonçalves

Revisão: Kátia Scaff Marques (coord.), Brenda T. M. Morais, Claudia Virgilio, Daniela Lima, Malvina Tomáz e Ricardo Miyake

Arte: André Gomes Vitale (ger.), Catherine Saori Ishihara (coord.), Lívia Vitta Ribeiro (edição de arte)

Iconografia e tratamento de imagem: André Gomes Vitale (ger.), Claudia Bertolazzi e Denise Kremer (coord.), Jad Silva e Thaisi Lima (pesquisa iconográfica) e Fernanda Crevin (tratamento de imagens)

Licenciamento de conteúdos de terceiros: Roberta Bento (gerente), Jenis Oh (coord.), Liliane Rodrigues, Flávia Zambon e Raísa Maris Reina (analistas de licenciamento)

Ilustrações: Alberto de Stefano, Camila de Godoy, Dnepwu, Estúdio 22, Ilustra Cartoon e Silvana Rando

Design: Erik Taketa (coord.) e Talita Guedes da Silva (proj. gráfico e capa)

Ilustração de capa: Barlavento Estúdio

Logotipo: Saulo Dorico

Todos os direitos reservados por Somos Sistemas de Ensino S.A.
Avenida Paulista, 901, 6ª andar – Bela Vista
São Paulo – SP – CEP 01310-200
http://www.somoseducacao.com.br

Dados Internacionais de Catalogação na Publicação (CIP)

```
Borgatto, Ana Maria Trinconi
    Projeto Ápis : Língua portuguesa : 1º ao 5º ano / Ana
Maria Trinconi Borgatto, Terezinha Costa Hashimoto
Bertin, Vera Lúcia de Carvalho Marchezi. -- 4. ed. --
São Paulo : Ática, 2020.
    (Projeto Ápis ; vol. 1 ao 5)

Bibliografia

1. Língua portuguesa (Ensino fundamental) Anos iniciais
I. Título II. Bertin, Terezinha Costa Hashimoto III.
Marchezi, Vera Lúcia de Carvalho IV. Série

20-1346                                    CDD 372.6
```

Angélica Ilacqua - Bibliotecária - CRB-8/7057

2022
Código da obra CL 750419
CAE 721219 (AL) / 721220 (PR)
ISBN 9788508195282 (AL)
ISBN 9788508195299 (PR)
4ª edição
4ª impressão
De acordo com a BNCC.

Impressão e acabamento: Bercrom Gráfica e Editora

Uma publicação

APRESENTAÇÃO

CARO ALUNO,

NÓS, AUTORAS DESTA COLEÇÃO, ESPERAMOS QUE OS MOMENTOS DE APRENDIZAGEM DA LEITURA E DA ESCRITA PROPOSTOS NESTE LIVRO CONTRIBUAM PARA MARCAR DE MANEIRA PRAZEROSA SUA TRAJETÓRIA NA ESCOLA.

TEMOS UM ENCONTRO EM CADA UM DOS DESAFIOS E EM CADA UMA DAS CONQUISTAS QUE, COM CERTEZA, FARÃO PARTE DE SEU PERCURSO ESTE ANO.

VAMOS COMEÇAR?

AS AUTORAS

CONHEÇA SEU LIVRO

UM LIVRO É COMO UMA CASA: APRESENTA DIFERENTES PARTES QUE FORMAM O TODO. ESTE LIVRO TAMBÉM É ASSIM.

A SEGUIR, VOCÊ VAI CONHECER ALGUMAS DESSAS PARTES. E O MELHOR: TODAS ELAS SÃO BEM DEFINIDAS, PARA VOCÊ SE LOCALIZAR E NÃO SE PERDER. VAMOS COMEÇAR?

INTRODUÇÃO

É UM CONVITE PARA AS DESCOBERTAS QUE VOCÊ FARÁ AO LONGO DO LIVRO.

ABERTURA DE UNIDADE

O LIVRO É DIVIDIDO EM UNIDADES.

PARA INICIAR

NESTA SEÇÃO VOCÊ ENCONTRA DESAFIOS E BRINCADEIRAS QUE INICIAM SEUS ESTUDOS.

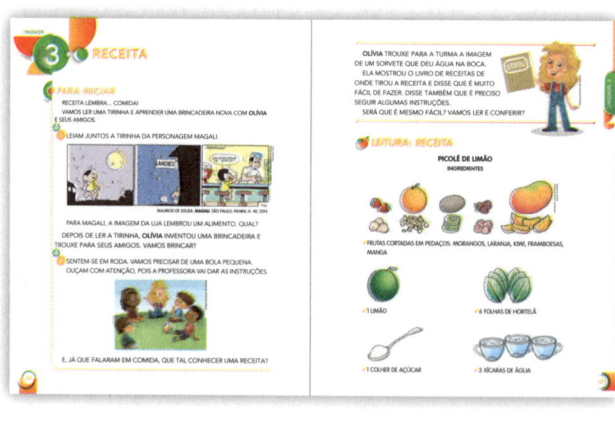

LEITURA

OS TEXTOS DESTA SEÇÃO SÃO O PONTO DE PARTIDA PARA O QUE VOCÊ VAI DESCOBRIR NA UNIDADE.

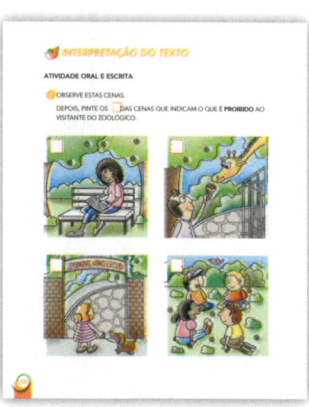

INTERPRETAÇÃO DO TEXTO

AS ATIVIDADES ORAIS E ESCRITAS SÃO PARA VOCÊ ENTENDER MELHOR OS TEXTOS LIDOS.

AÍ VEM...

NESTA SEÇÃO HÁ SEMPRE UM TEXTO A MAIS PARA LER.

PRODUÇÃO DE TEXTO

MOMENTO EM QUE VOCÊ VAI PRODUZIR TEXTOS ORAIS E ESCRITOS.

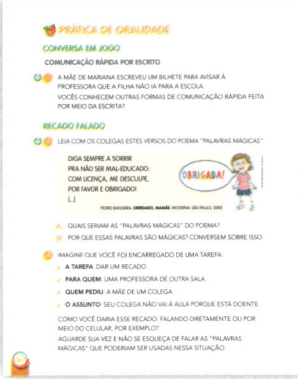

PRÁTICA DE ORALIDADE

NESTA SEÇÃO VOCÊ VAI CONVERSAR, TROCAR IDEIAS, DAR OPINIÃO, DECLAMAR E TAMBÉM VAI OUVIR COM ATENÇÃO. TUDO DE MODO ORGANIZADO.

PESQUISA

NESTA SEÇÃO, VOCÊ PESQUISA E CONHECE MAIS PALAVRAS!

MEMÓRIA EM JOGO

É MAIS FÁCIL LER E ESCREVER O QUE TEMOS NA MEMÓRIA. VOCÊ VAI LER E REGISTRAR CONFORME LEMBRAR!

O QUE ESTUDAMOS

É O MOMENTO DE REFLETIR SOBRE O QUE VOCÊ ESTUDOU.

PALAVRAS EM JOGO

VOCÊ APRENDE A ESCREVER AS PALAVRAS COM ATIVIDADES INTERESSANTES E, MUITAS VEZES, DIVERTIDAS.

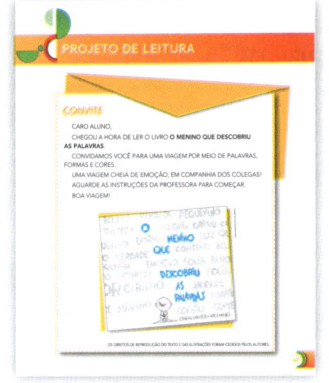

PROJETO DE LEITURA

UM PROJETO QUE VAI TORNAR A LEITURA AINDA MAIS PRAZEROSA.

ACOMPANHAM O LIVRO DO ALUNO:

ÁPIS DIVERTIDO

AQUI VOCÊ ENCONTRA JOGOS QUE EXPLORAM TEMAS ESTUDADOS E PEÇAS PARA DESTACAR, QUE VOCÊ VAI UTILIZAR EM ATIVIDADES DO LIVRO.

CADERNO DE ATIVIDADES

ATIVIDADES PARA VOCÊ PRATICAR O QUE APRENDEU EM CADA UNIDADE.

ÍCONES

ATIVIDADE EM GRUPO

ATIVIDADE EM DUPLA

ATIVIDADE NO CADERNO

SUMÁRIO

EU E OS OUTROS!

QUEM SOU EU?

NESSA RODA FALTA UM ROSTO: O SEU!

COLE UMA FOTO SUA OU FAÇA UM DESENHO, SE QUISER.

Camila de Godoy/Arquivo da editora

NÃO EXISTEM DUAS PESSOAS COMPLETAMENTE IGUAIS. CADA UM TEM SEU JEITO. E VOCÊ, O QUE ACHA DESSA QUESTÃO? VAMOS PENSAR NISSO CANTANDO JUNTOS A CANÇÃO A SEGUIR.

PÉ DE NABO

SER ASSIM É UMA DELÍCIA
DESSE JEITO COMO EU SOU
DE OUTRO JEITO DÁ PREGUIÇA
SOU ASSIM PRONTO E ACABOU

A COMIDA DE COSTUME
COMO BEM E NÃO REGULO
MAS TEM SEMPRE ALGUNS LEGUMES
QUE EU NÃO SEI COMO EU ENGULO

BRINCADEIRA, CHORADEIRA
PRA QUEM VIVE UMA VIDA INTEIRA
MENTIRINHA, FALSIDADE,
PRA QUEM VIVE SÓ PELA METADE

QUANDO ALGUÉM ME DESAPONTA
PARO TUDO E DOU UM TEMPO
DALI A POUCO EU ME DOU CONTA
QUE NINGUÉM É CEM POR CENTO

SEJA UM PRÍNCIPE OU UM SAPO
SEJA UM BICHO OU UMA PESSOA
ATÉ MESMO UM PÉ DE NABO
TEM ALGUMA COISA BOA

Camila de Godoy/Arquivo da editora

SANDRA PERES E LUIZ TATIT. **PALAVRA CANTADA: 10 ANOS**. SÃO PAULO: PALAVRA CANTADA, 2004. 1 CD, FAIXA 11.

ATIVIDADE ORAL

1. CONVERSE COM OS COLEGAS SOBRE O QUE SERÁ QUE QUER DIZER ESTE VERSO DA LETRA DE CANÇÃO:

> QUE NINGUÉM É CEM POR CENTO

2. VOCÊ JÁ VIU UM "PÉ DE NABO"? VEJA A SEGUIR ALGUNS TIPOS DE NABO.

Elena Schweitzer/Shutterstock
Westend61/Getty Images
thodonal88/Shutterstock

HÁ NABOS COMPRIDOS, REDONDOS, BRANCOS, ROXOS, AVERMELHADOS... MAS UMA COISA É CERTA: É UM ALIMENTO BOM PARA A SAÚDE. OUÇA O QUE SUA PROFESSORA TEM A DIZER.

3. VOCÊ JÁ COMEU NABO? GOSTOU?

4. CANTE COM OS COLEGAS A ÚLTIMA ESTROFE:

> SEJA UM PRÍNCIPE OU UM SAPO
> SEJA UM BICHO OU UMA PESSOA
> ATÉ MESMO UM PÉ DE NABO
> TEM ALGUMA COISA BOA

VOCÊ CONCORDA COM ESSA IDEIA? FALE SUA OPINIÃO E OUÇA A OPINIÃO DE SEUS COLEGAS.

AGORA É HORA DE FALAR DE VOCÊ!

SER ASSIM É UMA DELÍCIA
DESSE JEITO COMO EU SOU

COMO VOCÊ É?

COMECE POR ALGO MUITO IMPORTANTE: SEU NOME!

NOSSO NOME É UMA DAS PRIMEIRAS COISAS QUE FALAMOS AO NOS APRESENTARMOS A ALGUÉM.

1 ESCREVA SEU NOME NO QUADRO.

RECORTE O **CRACHÁ** QUE ESTÁ NA PÁGINA 291 E ESCREVA O SEU NOME NELE TAMBÉM.

2 FAÇA DESENHOS MOSTRANDO COMO VOCÊ É E DO QUE GOSTA.

BRINCADEIRAS DE QUE GOSTA	ANIMAL PREDILETO

COR PREFERIDA	COMIDA QUE ACHA GOSTOSA

ALGO ESPECIAL SOBRE VOCÊ, SEU JEITO DE SER

ALÉM DO SEU NOME, HÁ OUTROS DADOS IMPORTANTES QUE IDENTIFICAM VOCÊ.

ESSES DADOS APARECEM EM DOCUMENTOS QUE ACOMPANHAM AS PESSOAS POR TODA A VIDA: DATA DE NASCIMENTO, NOME DOS PAIS, LOCAL DE NASCIMENTO.

SUA CARTEIRA DE IDENTIDADE E SUA CERTIDÃO DE NASCIMENTO TRAZEM ESSES DADOS IMPORTANTES. PEÇA A SEUS PAIS OU RESPONSÁVEIS QUE MOSTREM ESSES DOCUMENTOS A VOCÊ.

ESSES DADOS SÃO PEDIDOS EM **FICHAS DE INFORMAÇÕES PESSOAIS** EM VÁRIOS LUGARES.

3 A SEGUIR, HÁ UMA **FICHA DE INFORMAÇÕES PESSOAIS**.
PEÇA AJUDA À PROFESSORA PARA PREENCHÊ-LA COM OS SEUS
DADOS.
VOCÊ TAMBÉM PODE PEDIR AJUDA A SEUS PAIS OU AOS RESPONSÁVEIS
POR VOCÊ.

FICHA PESSOAL

NOME: _____

_____

DATA DE NASCIMENTO: _____

NOME DO PAI OU DO RESPONSÁVEL: _____

_____

NOME DA MÃE OU DO RESPONSÁVEL: _____

_____

CIDADE ONDE NASCEU: _____

OUTRAS INFORMAÇÕES _____

_____

_____

_____

Silvana Rando/Arquivo da editora

🍊 O DIA DO SEU ANIVERSÁRIO

LEIA ESTES VERSOS:

MEU ANIVERSÁRIO

HOJE É MEU ANIVERSÁRIO,
É UM DIA SEM IGUAL!
EU QUERIA QUE HOJE FOSSE
FERIADO NACIONAL!

PEDRO BANDEIRA. **POR ENQUANTO EU SOU PEQUENO.** SÃO PAULO: MODERNA, 2009.

1 PINTE O MÊS DO SEU ANIVERSÁRIO E ESCREVA O DIA.

JANEIRO	FEVEREIRO	MARÇO	ABRIL
___	___	___	___
MAIO	JUNHO	JULHO	AGOSTO
___	___	___	___
SETEMBRO	OUTUBRO	NOVEMBRO	DEZEMBRO
___	___	___	___

2 CHEGOU A HORA DA **RODA DE APRESENTAÇÃO**.

QUANDO FOR SUA VEZ:

A) MOSTRE O SEU CRACHÁ;

B) FALE O SEU NOME;

C) MOSTRE SEUS DESENHOS E FALE SOBRE ELES;

D) FALE O DIA E O MÊS DO SEU ANIVERSÁRIO.

SUA SALA

Silvana Rando/Arquivo da editora

VOCÊ CONHECEU SEUS NOVOS AMIGOS!

1 ESCREVA O NOME DE UM DESSES NOVOS AMIGOS.

2 CANTEM OUTRA VEZ PARA NÃO ESQUECEREM.

QUANDO ALGUÉM ME DESAPONTA

PARO TUDO E DOU UM TEMPO

DALI A POUCO EU ME DOU CONTA

QUE NINGUÉM É CEM POR CENTO

SEJA UM PRÍNCIPE OU UM SAPO

SEJA UM BICHO OU UMA PESSOA

ATÉ MESMO UM PÉ DE NABO

TEM ALGUMA COISA BOA

SANDRA PERES E LUIZ TATIT. **PALAVRA CANTADA 10 ANOS.**
SÃO PAULO: PALAVRA CANTADA, 2004. 1 CD, FAIXA 11.

SER CRIANÇA, BRINCAR, APRENDER...

Dnepwu/Arquivo da editora

- COM QUEM VOCÊ COSTUMA BRINCAR?
- O QUE VOCÊ GOSTA DE FAZER QUANDO NÃO PODE BRINCAR COM SEUS AMIGOS? JÁ EXPERIMENTOU LER NESSES MOMENTOS?

UNIDADE 1

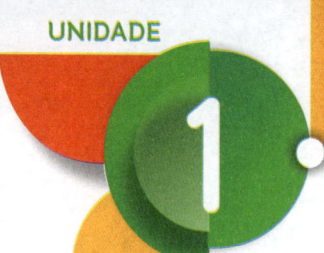

HISTÓRIA EM QUADRINHOS

PARA INICIAR

VAMOS CANTAR UMA MÚSICA E BRINCAR DE RODA.

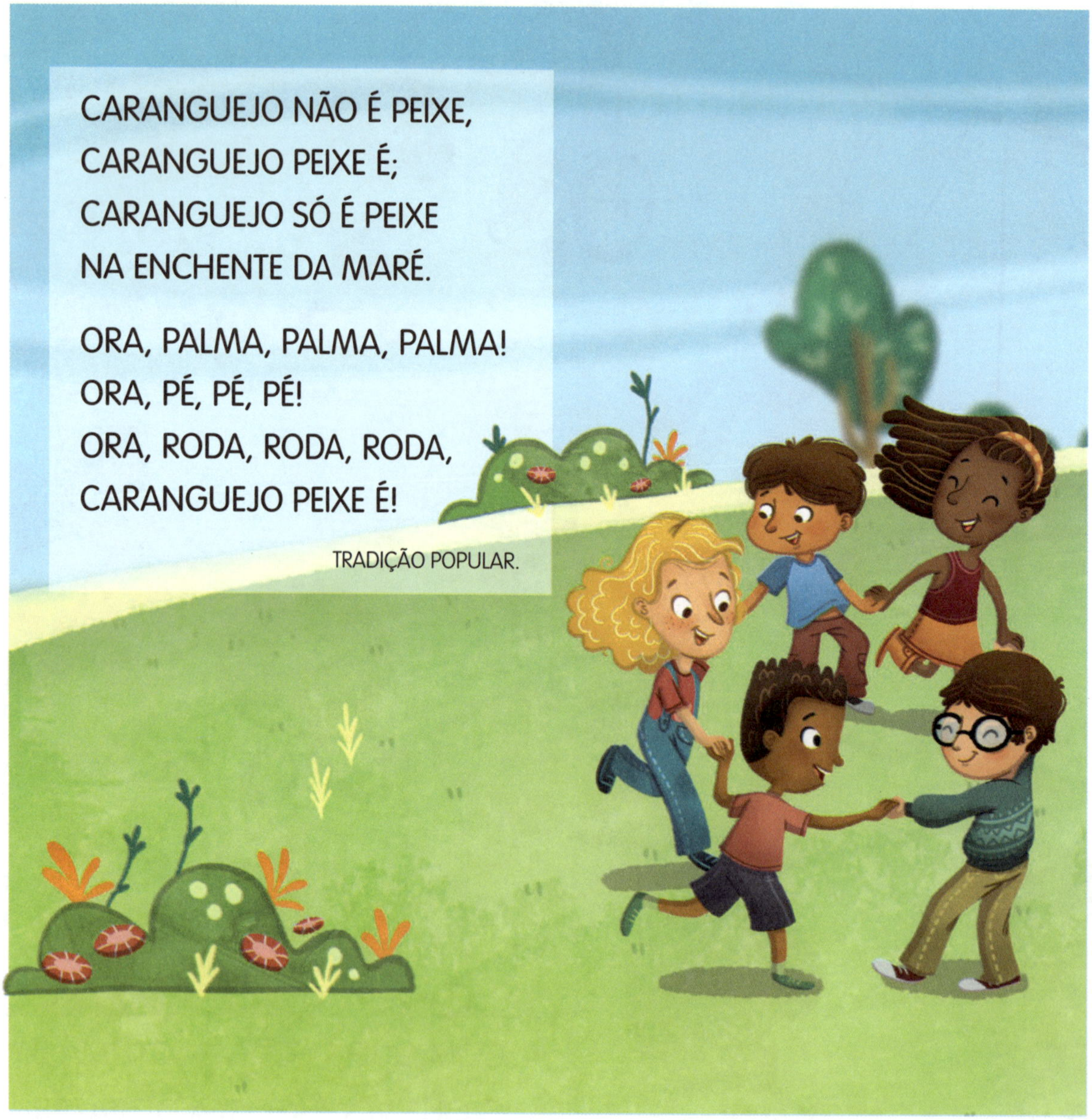
CARANGUEJO NÃO É PEIXE,
CARANGUEJO PEIXE É;
CARANGUEJO SÓ É PEIXE
NA ENCHENTE DA MARÉ.
ORA, PALMA, PALMA, PALMA!
ORA, PÉ, PÉ, PÉ!
ORA, RODA, RODA, RODA,
CARANGUEJO PEIXE É!
TRADIÇÃO POPULAR.

Dnepwu/Arquivo da editora

OUÇAM AS INSTRUÇÕES QUE A PROFESSORA VAI DAR. DEPOIS, CONTINUEM A BRINCADEIRA DE RODA.

DORMIR E SONHAR É MUITO BOM!

HÁ SONHOS ALEGRES E DIVERTIDOS. MAS TAMBÉM HÁ SONHOS QUE SÃO PESADELOS!

LEIAM UMA HISTÓRIA COM CASCÃO. VOCÊS CONHECEM ESSE PERSONAGEM? SERÁ QUE ELE TEVE UM SONHO BOM OU UM PESADELO?

ACOMPANHEM A LEITURA COM A PROFESSORA.

LEITURA: HISTÓRIA EM QUADRINHOS

© Mauricio de Sousa/Mauricio de Sousa Produções Ltda.

O QUE SERÁ QUE CASCÃO SONHOU?

POBRE CASCÃO! O QUE VAI ACONTECER COM ELE?

MAURICIO DE SOUSA. **ALMANAQUE DO CASCÃO**. N. 44. SÃO PAULO: PANINI. P. 44-47.

🍊 INTERPRETAÇÃO DO TEXTO

ATIVIDADE ORAL E ESCRITA

1 LEIAM JUNTOS O TÍTULO DA HISTÓRIA:

© Mauricio de Sousa/ Mauricio de Sousa Produções Ltda.

2 OBSERVE ESTA IMAGEM 💧:

QUAL LETRA VOCÊ COLOCARIA NO LUGAR DELA?

_____

3 COPIE O NOME DO PERSONAGEM DA HISTÓRIA.

_____

4 NAS HISTÓRIAS EM QUADRINHOS HÁ BALÕES COMO ESTE PARA MOSTRAR A FALA DE ALGUÉM.

• VEJA:

© Mauricio de Sousa/Mauricio de Sousa Produções Ltda.

- OBSERVE O QUADRINHO ABAIXO.

  NELE HÁ UM BALÃO UM POUCO DIFERENTE.

  ESSE BALÃO COSTUMA INDICAR PENSAMENTO.

- PINTE O QUE ESSE BALÃO ESTÁ INDICANDO NESTA HISTÓRIA.

FALA	GRITO	SONHO

5 COMPARE O CONTORNO DESTES QUADRINHOS:

①    ②

PINTE O ☐ COM A RESPOSTA CORRETA.

O CONTORNO DO **QUADRINHO 2** INDICA:

☐ O QUE ACONTECE NA REALIDADE.

☐ O QUE ACONTECE NO SONHO.

☐ O QUE ACONTECE FORA DA HISTÓRIA.

6 OBSERVE O TAMANHO DAS LETRAS E O FORMATO DO BALÃO DESTE QUADRINHO:

A) PINTE AS RESPOSTAS CORRETAS.

☐ AS GOTINHAS ESTÃO FALANDO BAIXINHO.

☐ AS GOTINHAS ESTÃO ASSUSTADAS.

☐ AS GOTINHAS ESTÃO GRITANDO.

☐ AS GOTINHAS ESTÃO FALANDO AO MESMO TEMPO.

B) OBSERVE O ROSTO DE CASCÃO NO QUADRINHO. O QUE A EXPRESSÃO DELE REVELA? PINTE.

| ESPANTO | RAIVA | MEDO | ALEGRIA |

7 LEIA AS FALAS DE CASCÃO NESTE QUADRINHO E OBSERVE TAMBÉM A SUA EXPRESSÃO:

O QUE ESSAS PALAVRAS E A EXPRESSÃO DO ROSTO DO CASCÃO ESTÃO INDICANDO? PINTE AS RESPOSTAS.

| DESESPERO | TRISTEZA | ALEGRIA | MEDO |

8 CASCÃO É UM PERSONAGEM QUE TEM HORROR À ÁGUA. NUMERE NA ORDEM DA HISTÓRIA O QUE ELE FEZ PARA SE LIVRAR DA ÁGUA.

☐ CORREU   ☐ ENTROU NO TAMBOR   ☐ VOOU

9 PINTE A RESPOSTA ADEQUADA.
O QUE ACONTECEU NO FINAL DA HISTÓRIA?

☐ CASCÃO CONTINUOU SONHANDO.

☐ CASCÃO SE SALVOU DA ÁGUA.

☐ CASCÃO FEZ XIXI NA CAMA.

10 CONVERSEM: POR QUE A HISTÓRIA TEM O TÍTULO "SONHO MOLHADO"?

11 VOCÊ GOSTOU DA HISTÓRIA?

PINTE O ☐ COM A SUA RESPOSTA.

☐ MUITO   ☐ POUCO   ☐ NÃO

🍊 PRÁTICA DE ORALIDADE

CONVERSA EM JOGO

VAMOS TROCAR?

TRAGAM UMA HISTÓRIA EM QUADRINHOS PARA A AULA.

A) CADA ALUNO DEVERÁ TROCAR AQUELA QUE TROUXE COM UM COLEGA DA CLASSE. ASSIM VOCÊS VÃO CONHECER MUITAS HISTÓRIAS!

B) CONVERSEM SOBRE AS HISTÓRIAS QUE CONHECERAM.

🍊 NO MUNDO DAS LINGUAGENS

HÁ VÁRIAS MANEIRAS DE NOS COMUNICARMOS.

VOCÊ LEU UMA HISTÓRIA EM QUADRINHOS.

NESSA HISTÓRIA HÁ MANEIRAS DIFERENTES DE COMUNICAR AS IDEIAS. SÃO AS DIFERENTES **LINGUAGENS** USADAS NA HISTÓRIA: PALAVRAS, IMAGENS, SÍMBOLOS, SINAIS, ETC.

1 LIGUE AS PALAVRAS DE CADA ☐ AO TIPO DE LINGUAGEM.

PALAVRA	IMAGENS

2 LIGUE AS PALAVRAS DOS ☐ AO TIPO DE LINGUAGEM DE CADA PLACA.

PALAVRAS

IMAGENS

IMAGENS E PALAVRAS

NÃO ALIMENTE OS ANIMAIS

VENDE-SE ESTA CASA

QUANDO QUEREMOS COMUNICAR ALGUMA COISA, PODEMOS EMPREGAR DIVERSAS LINGUAGENS, COMO:

UNIDADE 1

- PALAVRAS E FRASES

- LETRAS E NUMERAIS

- CORES E IMAGENS

- SÍMBOLOS

- GESTOS

AGORA VOCÊ

PINGO É O PERSONAGEM DE UMA HISTÓRIA. ELE DEIXOU UM RECADO PARA OS SEUS AMIGOS. NO RECADO HÁ LINGUAGENS DIFERENTES.

LEIAM AS PISTAS PARA PODER DECIFRAR O RECADO.

MARY FRANÇA E ELIARDO FRANÇA. **NEM AQUI, NEM ALI!** SÃO PAULO: ÁTICA, 2015.

VOCÊS CONSEGUIRAM DECIFRAR O QUE ESTÁ ESCRITO NO RECADO? COM A PROFESSORA, ESCREVAM A RESPOSTA.

🍊 PALAVRAS EM JOGO

LETRAS POR TODA PARTE

1 CONHEÇA OS AMIGOS DO PERSONAGEM CASCÃO:

CEBOLINHA

CASCÃO

MAGALI

MÔNICA

BIDU

© Maurício de Sousa/Maurício de Sousa Editora Ltda.

ESCREVA NOS ☐ QUANTAS **LETRAS** HÁ NO NOME DE CADA AMIGO.

☐ MAGALI   ☐ CEBOLINHA   ☐ MÔNICA   ☐ BIDU

2 DE ACORDO COM O NÚMERO DE LETRAS, DESCUBRA QUAL É A CASA DE CADA AMIGO. ESCREVA O NOME DE CADA UM DELES NOS ☐.

Ilustrações: Silvana Rando/Arquivo da editora

O ALFABETO

O CONJUNTO DE LETRAS QUE USAMOS PARA ESCREVER PALAVRAS CHAMA-SE **ALFABETO**.

OBSERVE NO QUADRO O ALFABETO **MAIÚSCULO** E O ALFABETO **MINÚSCULO** EM DIFERENTES FORMATOS.

 VOCÊ E SEUS COLEGAS CONHECEM AS LETRAS QUE REPRESENTAM AS VOGAIS? JUNTOS, CIRCULEM ESSAS LETRAS NO QUADRO.

Aa	Bb	Cc	Dd	Ee	Ff
Gg	Hh	Ii	Jj	Kk	Ll
Mm	Nn	Oo	Pp	Qq	Rr
Ss	Tt	Uu	Vv	Ww	Xx
Yy	Zz				

AGORA VOCÊ

LEIA O NOME DE ALGUNS AMIGOS QUE ESTÃO NA ABERTURA DESTA UNIDADE:

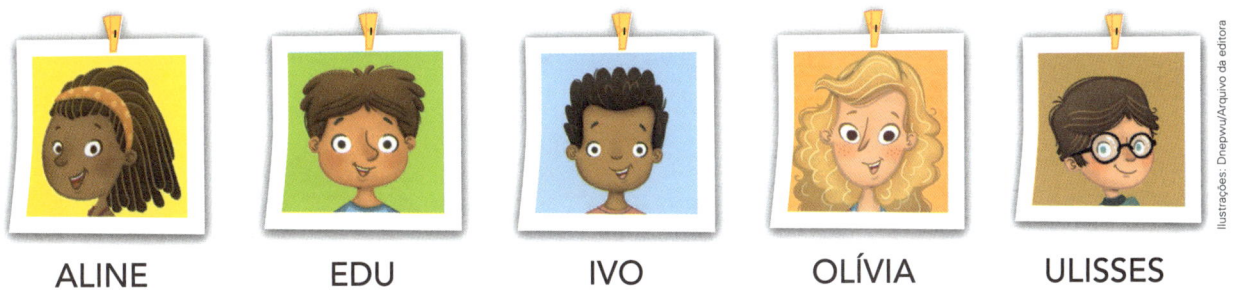

ALINE EDU IVO OLÍVIA ULISSES

Ilustrações: Dnepwu/Arquivo da editora

1 AJUDE **ULISSES**, **IVO** E **OLÍVIA** A ENCONTRAR SEUS AMIGOS **EDU** E **ALINE**. PARA ISSO, É SÓ SEGUIR O CAMINHO DAS LETRAS QUE REPRESENTAM VOGAIS.

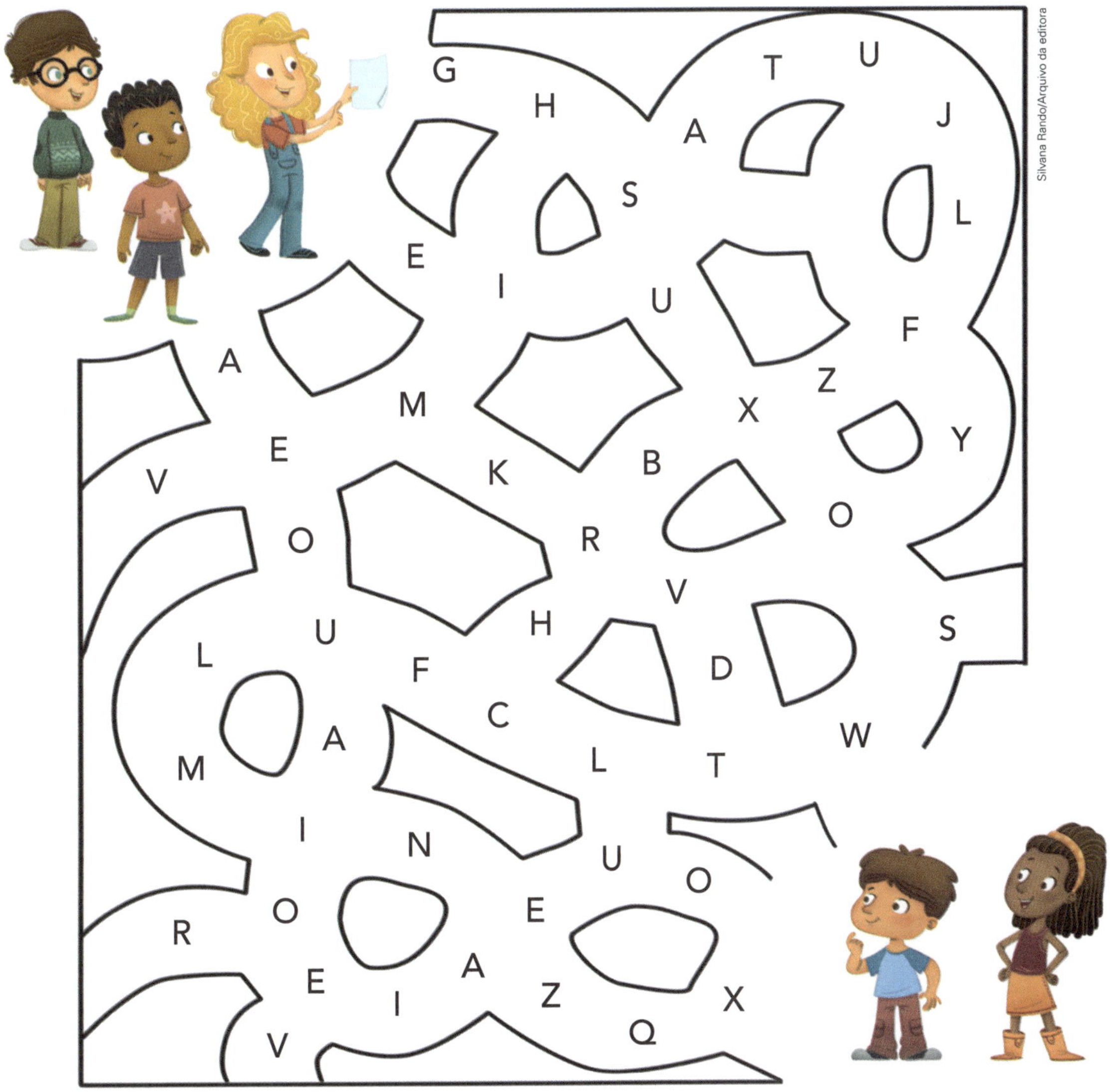

Silvana Rando/Arquivo da editora

Ilustrações: Dnepwu/Arquivo da editora

2 O CARTEIRO PRECISA ENTREGAR CARTAS EM ALGUMAS CASAS DESTA PEQUENA VILA.

AS CASAS FORAM ORGANIZADAS EM **ORDEM ALFABÉTICA**.

ALGUMAS LETRAS FORAM APAGADAS.

ESCREVA AS LETRAS QUE FALTAM PARA AJUDAR O CARTEIRO A SE LOCALIZAR.

Camila de Godoy/Arquivo da editora

3 NESTE BAIRRO AS CASAS FORAM CONSTRUÍDAS DE 3 EM 3.
AS LETRAS DE ALGUMAS CASAS SUMIRAM.
COLOQUE A LETRA QUE VEM ANTES E DEPOIS EM CADA GRUPO DE CASAS.

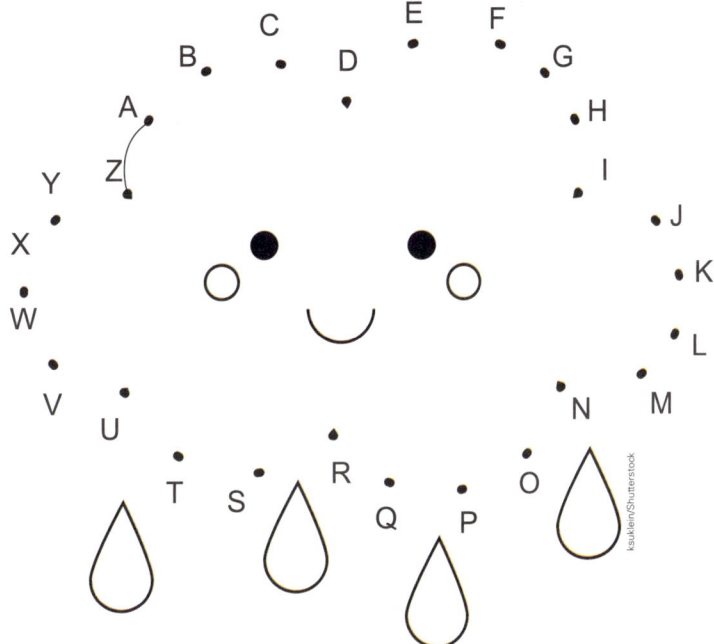

4 LIGUE OS PONTINHOS SEGUINDO AS LETRAS NA ORDEM ALFABÉTICA.

5 OS ALUNOS DA ESCOLA SAÍRAM A PASSEIO USANDO CRACHÁS.
NA VOLTA ENTREGARAM OS CRACHÁS PARA SEREM GUARDADOS.
AJUDE A PROFESSORA A ORGANIZÁ-LOS.
RECORTE OS CRACHÁS DA PÁGINA 293 E COLE-OS EM ORDEM ALFABÉTICA
NO ESPAÇO ABAIXO.

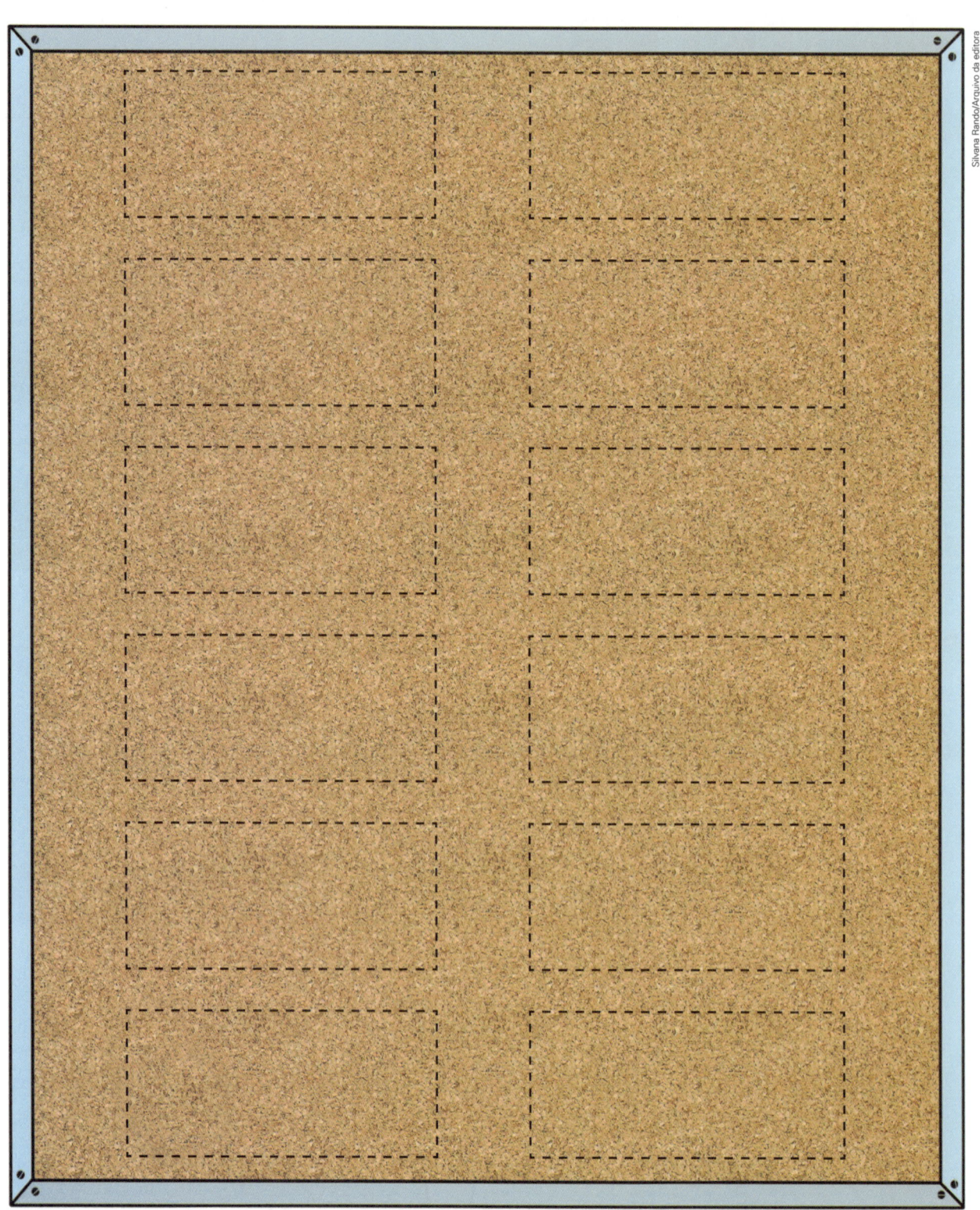

PESQUISA

RECORTE DE JORNAIS E REVISTAS 3 PALAVRAS INICIADAS COM A MESMA LETRA DO INÍCIO DO SEU NOME. COLE-AS NO CADERNO.

MEMÓRIA EM JOGO

1 VAMOS CANTAR JUNTOS E MEMORIZAR?

COM **A** ESCREVO AMOR, COM **B** BOLA DE COR,
COM **C** EU TENHO CORPO, CARA E CORAÇÃO.
COM **D** AO MEU DISPOR ESCREVO DADO E DOR,
COM **E** EU SINTO EMOÇÃO!
COM **F** FALO FLOR, COM **G** EU GRITO GOL
E COM **H** DE HAVER EU POSSO HARMONIZAR.
COM **I** DESEJO IR, COM **J** VOLTO JÁ, COM **L** TENHO LUAR.
COM **M** ESCREVO MÃO, MAMÃE, MANJERICÃO,
COM **N** DIGO NÃO E O VERBO NASCER.
COM **O** EU POSSO OLHAR, COM **P** PAPARICAR,
COM **Q** EU QUERO QUERER.
COM **R** FAÇO RIR, COM **S** SAPOTI,
COM **T** TAMANDUÁ, COM **U** URUBUPUNGÁ.
COM **V** JURO QUE VI, COM **X** FAÇO XIXI,
NO FIM O **Z** DA ZEBRA.

Camila de Godoy/Arquivo da editora

TOQUINHO. BÊ-A-BÁ. **CANÇÃO DE TODAS AS CRIANÇAS.** RIO DE JANEIRO: POLYGRAM, 1987. 1 LP, FAIXA 3.

2 NO CADERNO, ESCREVA DO SEU JEITO ALGUM VERSO DA LETRA DA CANÇÃO. VOCÊ PODE TAMBÉM DESENHAR ALGUMA FIGURA DO VERSO QUE ESCOLHEU.

UNIDADE 2

VERBETE

PARA INICIAR

DESCUBRA: QUAIS BICHOS TROCARAM DE VOZ? CONVERSE COM OS COLEGAS.

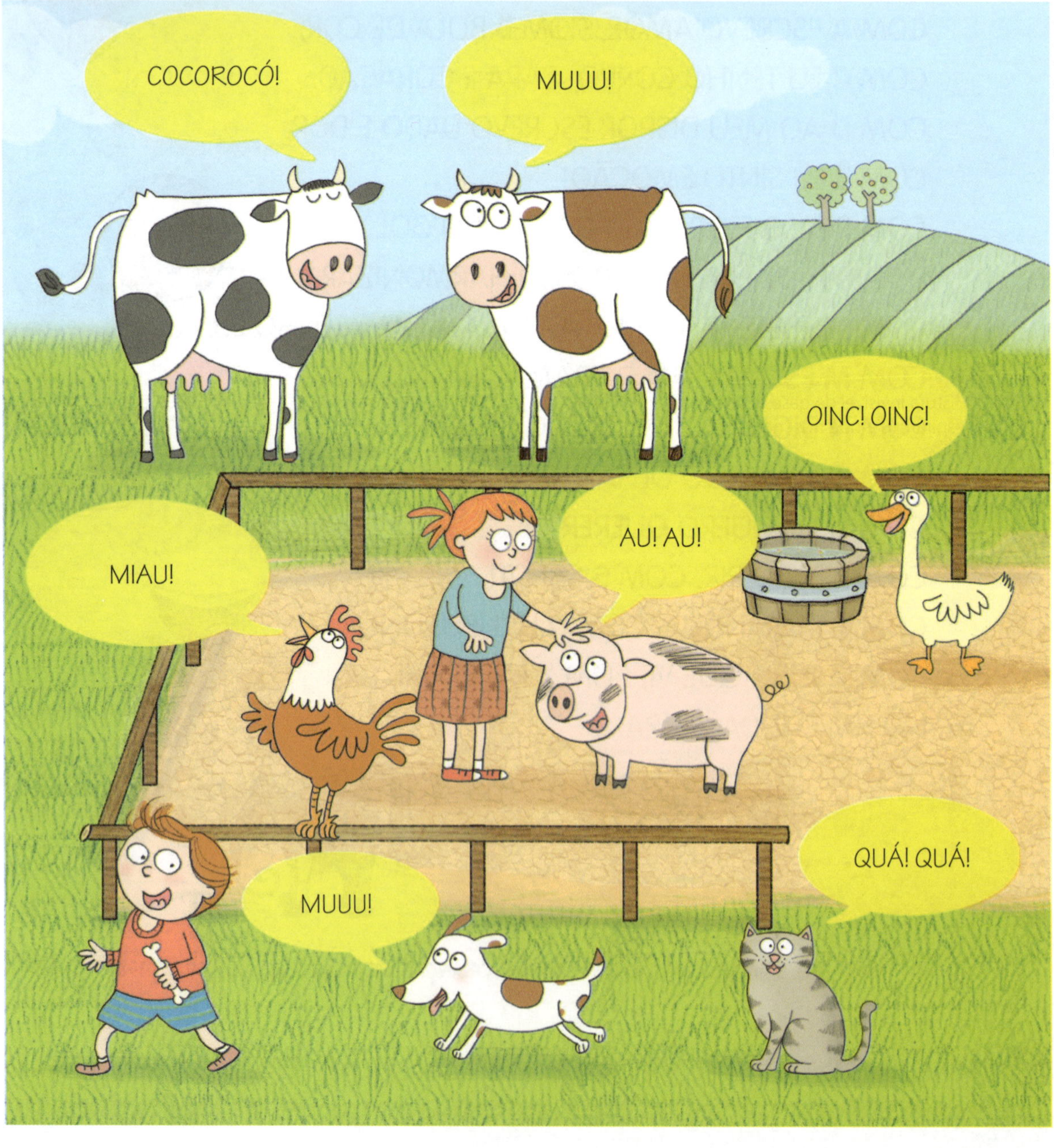

Silvana Rando/Arquivo da editora

EDU TROUXE PARA OS AMIGOS UM **DICIONÁRIO**.
VOCÊ JÁ VIU UM DICIONÁRIO? ELE TRAZ MUITAS PALAVRAS E SUAS EXPLICAÇÕES.
VAMOS APRENDER MAIS SOBRE ISSO?

Dnepwu/Arquivo da editora

Reprodução/Companhia Editora Nacional

 ## LEITURA: VERBETE

VEJA A PÁGINA DE UM DICIONÁRIO. NELA HÁ VÁRIOS **VERBETES**: CADA PALAVRA DESTACADA E SUA EXPLICAÇÃO.

ACOMPANHE A LEITURA DE UM VERBETE COM A PROFESSORA.

Reprodução/Companhia Editora Nacional, 2008.

aquático   areia

AQUÁTICO *adjetivo*
Qualidade de tudo aquilo que vive na água ou que tem relação com ela.
→ Terrestre, animal

AR *substantivo masculino*
Mistura invisível de gases que respiramos e que nos mantém a vida.

ARADO *substantivo masculino*
Instrumento de revirar a terra para se fazer o plantio.

ARAME *substantivo masculino*
Fio de metal flexível, que tem muitas utilidades na vida do campo e das cidades.

ARANHA *substantivo feminino*
Animal invertebrado que tece teias para pegar insetos para comer.
→ Teia, invertebrado

ARARA *substantivo feminino*
Ave grande de cauda longa, bico muito forte e penas coloridas.
→ Ave

ARAUCÁRIA *substantivo feminino*
Árvore da família do pinheiro.

ARBUSTO *substantivo masculino*
Planta de pouca altura, sem tronco, com ramos desde a raiz.

ARCO-ÍRIS *substantivo masculino*
Grande arco luminoso, composto por sete faixas de cores. Aparece no céu, quando após grandes chuvas o sol atravessa as gotas de água que flutuam no ar.
→ Cor

AREIA *substantivo feminino*
Minúsculos grãos ou pó minerais que existem nas praias, desertos, leitos de rios.

Peter Schoen/Moment/Getty Images

ARARA
SUBSTANTIVO FEMININO

AVE GRANDE DE CAUDA LONGA, BICO MUITO FORTE E PENAS COLORIDAS.

NELLY NOVAES COELHO. **PRIMEIRO DICIONÁRIO ESCOLAR**. SÃO PAULO: COMPANHIA EDITORA NACIONAL, 2008. P. 26.

26

LEIA OUTROS VERBETES COM A AJUDA DA PROFESSORA.

EMA

AVE CORREDORA, MUITO PARECIDA COM O AVESTRUZ.

Fabio Colombini/Acervo do fotógrafo

IGUANA

GRANDE LAGARTO DE CORES BRILHANTES.

Anne Feliciano Trathong/FOAP/Getty Images

OVELHA

É UM ANIMAL DE QUATRO PATAS E TEM PELO GROSSO E MACIO.

R A Kearton/Moment/Getty Images

URUBU

É UM PÁSSARO GRANDE QUE TEM A CABEÇA SEM PENAS.

Tim Zurowski/Shutterstock

🍊 INTERPRETAÇÃO DO TEXTO

ATIVIDADE ORAL E ESCRITA

1 DE QUAL VERBETE VOCÊS MAIS GOSTARAM? CONVERSEM.

2 LIGUE O NOME A CADA ANIMAL.

OVELHA

ARARA

URUBU

IGUANA

EMA

3 PINTE A RESPOSTA CERTA.
O **VERBETE** É UM TEXTO QUE:

INFORMA.   DIVERTE.   CONTA UMA HISTÓRIA.

4 PINTE **APENAS** O NOME DO BICHO QUE:

- TEM **PENAS COLORIDAS**;

ARARA	IGUANA

- É UMA AVE **CORREDORA**;

OVELHA	EMA

- **NÃO TEM PENAS** NA CABEÇA.

ARARA	URUBU

Silvana Rando/Arquivo da editora

5 OLHE DE NOVO AS FOTOS DOS BICHOS.
QUANTOS **NÃO** SÃO AVES? CIRCULE.

1	2	3	4	5

AÍ VEM... VERBETE

1 A PROFESSORA VAI LER MAIS UM VERBETE. SOBRE QUE ANIMAL SERÁ?
OUÇA COM ATENÇÃO.

> **GIRAFA** (GI-RA-FA) *SUBSTANTIVO*
>
> MAMÍFERO NATURAL DA ÁFRICA, HERBÍVORO, DE PERNAS E PESCOÇO
> MUITO COMPRIDOS. TEM O PELO AMARELO COM MANCHAS ESCURAS.
> GOSTA DE COMER BROTOS DE ÁRVORES. É O ANIMAL MAIS ALTO DA TERRA.
>
> AURÉLIO B. DE HOLANDA FERREIRA. **DICIONÁRIO INFANTIL ILUSTRADO DE LÍNGUA PORTUGUESA**.
> CURITIBA: POSITIVO, 2008. P. 161.

2 DEPOIS DE OUVIR A LEITURA, COPIE O NOME DO ANIMAL NO CADERNO
OU FAÇA UM DESENHO DELE.

PRÁTICA DE ORALIDADE

CONVERSA EM JOGO

MEU BICHO PREFERIDO

ESCOLHA UM BICHO DE QUE VOCÊ GOSTA. CONVERSE COM OS COLEGAS E FALE ALGUMA INFORMAÇÃO INTERESSANTE SOBRE ELE. OUÇA COM ATENÇÃO O QUE OS COLEGAS TÊM A DIZER.

PALAVRAS EM JOGO

LETRAS A, E, I, O, U

1 LEIA E FALE O NOME DE CADA AVE.

ARARA ☐

EMA ☐

URUBU ☐

A) CONTE QUANTAS LETRAS TEM CADA NOME E ESCREVA NO ☐.

B) PINTE DE **VERMELHO** O NOME COM A LETRA **A** NO INÍCIO.

C) CIRCULE A LETRA **A** NOS NOMES.

D) PINTE DE **AZUL** O NOME DA AVE QUE NÃO TEM A LETRA **A**.

2 SEPARE COM UM TRAÇO COLORIDO OS NOMES DOS BICHOS.

U R U B U I G U A N A O V E L H A A R A R A E M A

3 ESCREVA AS LETRAS VOGAIS QUE FALTAM NOS NOMES.

_____ R ____ R _____

_____ R ____ B _____

4 TROQUE A LETRA VOGAL INICIAL E FORME OUTRAS PALAVRAS.

EMA

_____ MA

_____ MA

5 COMPLETE OS NOMES COM AS LETRAS VOGAIS QUE ESTÃO FALTANDO.

_____ V _____ LHA

_____ GUAN _____

6 CIRCULE O NOME DO BICHO QUE COMEÇA COM A MESMA LETRA VOGAL:

- DA PALAVRA **ARARA**;

ONÇA   ELEFANTE   ABELHA

- DA PALAVRA **OVELHA**.

OURIÇO   ARANHA   URSO

7 LIGUE OS PONTOS E ESCREVA NO QUADRO O NOME DO BICHO QUE VOCÊ ACHOU. **ATENÇÃO**: SÓ VALE LIGAR LETRAS VOGAIS!

EM DUPLA, OUÇAM A LEITURA DA PROFESSORA E FALEM AS PALAVRAS EM VOZ ALTA.

TEVÊ

BONECA

PICOLÉ

GEMA

CANECA

JACARÉ

EMA

BEBÊ

A) LIGUEM AS PALAVRAS QUE RIMAM.

B) O QUE VOCÊS OBSERVARAM NO SOM DA LETRA **E**?

C) E NA ESCRITA, VOCÊS PERCEBERAM ALGUMA DIFERENÇA?

Ilustrações: Silvana Rando/Arquivo da editora

9 A PROFESSORA VAI FALAR NOMES QUE COMEÇAM COM A LETRA **E**.

ÉRICK

ÊNIO

EDUARDA

EMA

ELZA

ÉDSON

ÉRICA

ELIAS

A) PRESTE ATENÇÃO E BATA PALMAS TODA VEZ QUE A LETRA **E** TIVER SOM DE **E ABERTO**, COMO EM **EVA**.

B) PINTE DE **AZUL** OS NOMES COM AS LETRAS PARA AS QUAIS VOCÊ BATEU PALMAS.

Ilustrações: Silvana Rando/Arquivo da editora

10 ABERTO OU FECHADO?

PRESTE ATENÇÃO NO SOM DA LETRA **O**. ÀS VEZES ELE É ABERTO, COMO EM **OLGA**, ÀS VEZES ELE É FECHADO, COMO EM **OTÁVIO**.

COÇA COÇA

COÇA

COÇA

COÇADINHA

COÇA

COÇA

CORAÇÃO

[...]

COÇA

COÇA

COÇADINHA

COÇA

COÇA

COMICHÃO

ALMIR CORREIA. **POEMAS PARA ENROLAR A LÍNGUA**. SÃO PAULO: NOVA ALEXANDRIA, 2006.

Ilustrações: Silvana Rando/ Arquivo da editora

A) PINTE DE **VERDE** A PALAVRA EM QUE O **O** DA SÍLABA **CO** TEM O SOM ABERTO.

B) PINTE DE **AZUL** AS PALAVRAS EM QUE O **O** DA SÍLABA **CO** TEM O SOM FECHADO.

11 HORA DE TRAÇAR AS LETRAS **VOGAIS** NA SEÇÃO **TRAMAS E TRAÇADOS**, NAS PÁGINAS 24 A 28 DO **CADERNO DE ATIVIDADES**.

LETRAS A, E, I, O, U

VEJA SÓ O QUE O GRUPO DE AMIGOS TROUXE PARA VOCÊ CONHECER: A HISTÓRIA DE CADA LETRA VOGAL!

ALINE VAI MOSTRAR POR QUE A LETRA **A** É ESCRITA ASSIM.

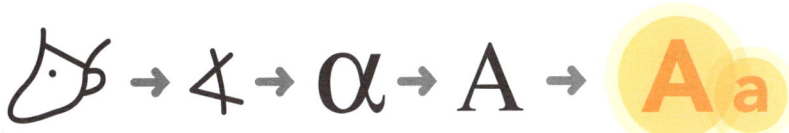

Ilustrações: Dnepwu/Arquivo da editora

ALINE

VEJA COMO A LETRA **E** COMEÇOU DE UM JEITO DIFERENTE. **EDU** VAI MOSTRAR PARA VOCÊ.

EDU

IVO VAI MOSTRAR AGORA COMO SURGIU A LETRA **I**.

IVO

AGORA VAMOS DESCOBRIR COM **OLÍVIA** POR QUE A LETRA **O** É ASSIM.

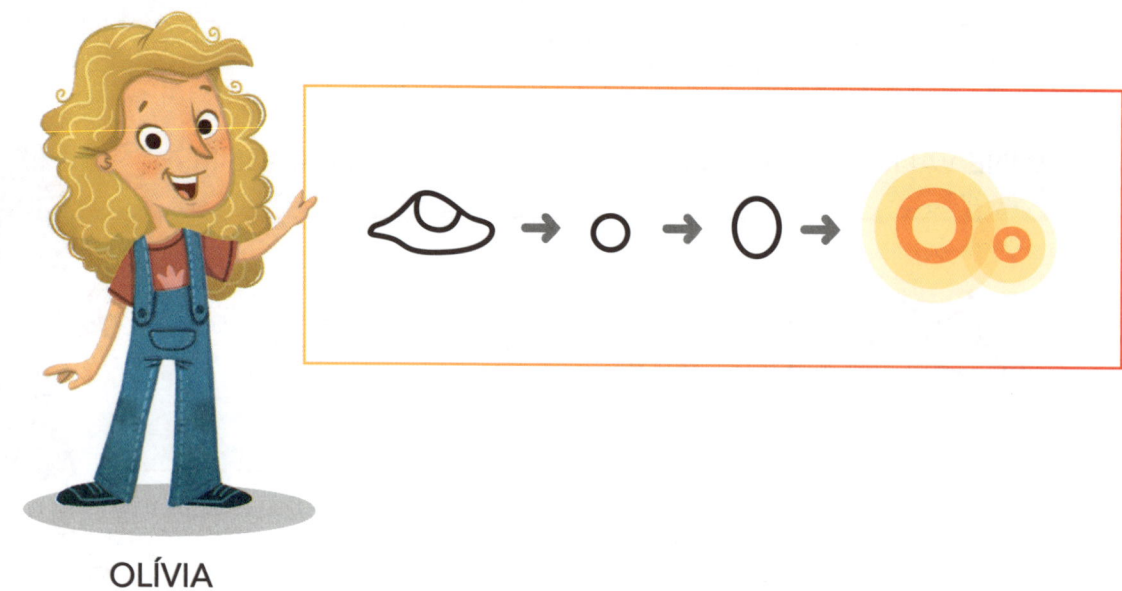

OLÍVIA

E **ULISSES** VAI NOS MOSTRAR POR QUE ESCREVEMOS A LETRA **U** DESSE JEITO.

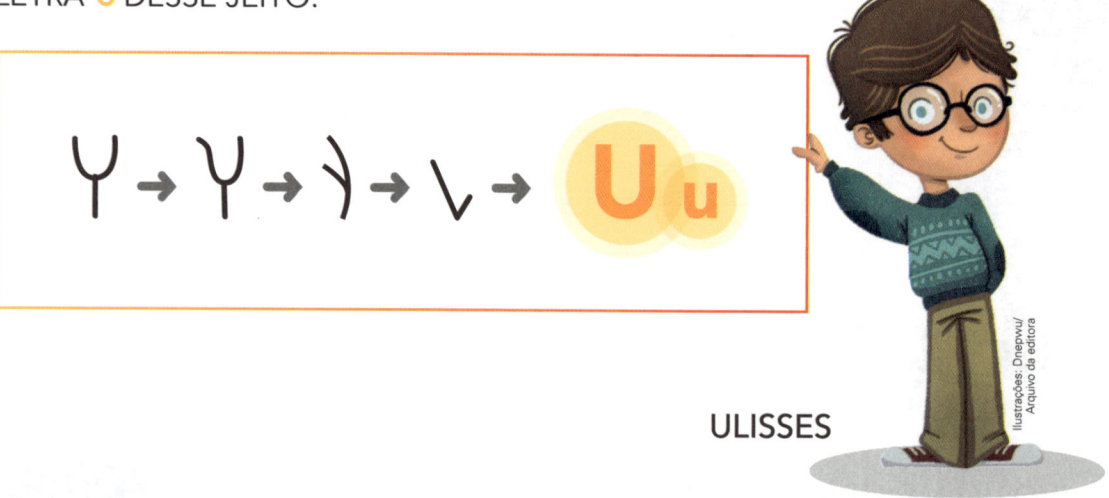

ULISSES

PESQUISA

RECORTE 5 PALAVRAS INICIADAS PELAS LETRAS VOGAIS **A**, **E**, **I**, **O**, **U** E COLE NO CADERNO.

MEMÓRIA EM JOGO

LEIA E MEMORIZE A PARLENDA A SEGUIR.

TEM PICOLÉ, SEU JOSÉ? [...]
É DE ABACAXI, SEU GIGI
É DE COCO, SEU TINOCO
É DE CAJU, DONA JUJU
É DE MARACUJÁ, DONA SINHÁ.

TRADIÇÃO POPULAR.

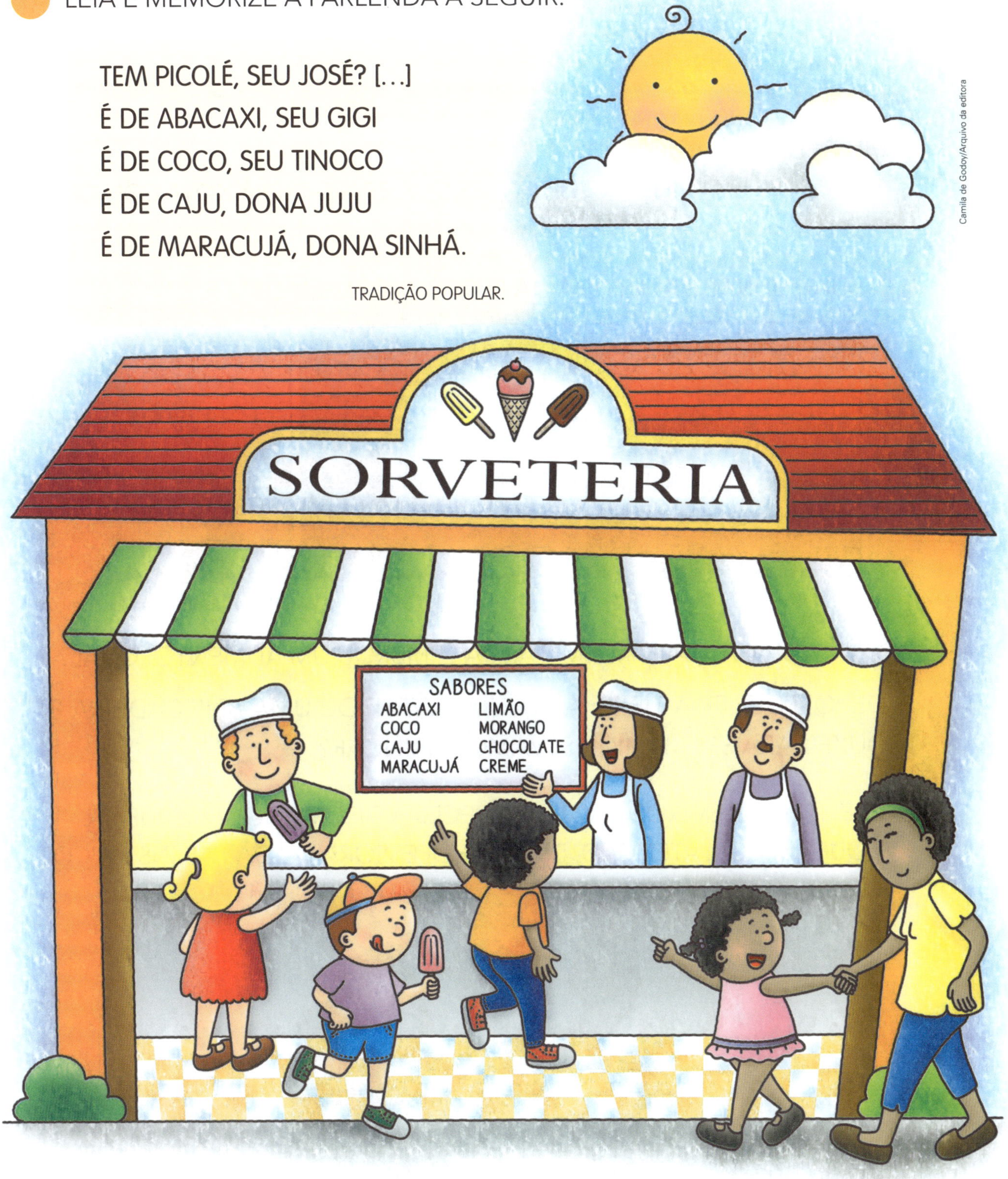
SORVETERIA
SABORES
ABACAXI LIMÃO
COCO MORANGO
CAJU CHOCOLATE
MARACUJÁ CREME
Camila de Godoy/Arquivo da editora

LEIA OS VERSOS DA PARLENDA E ESCREVA-OS NAS PÁGINAS 24 A 28 DA SEÇÃO **TRAMAS E TRAÇADOS** DO **CADERNO DE ATIVIDADES**.

PARA INICIAR

RECEITA LEMBRA... COMIDA!

VAMOS LER UMA TIRINHA E APRENDER UMA BRINCADEIRA NOVA COM **OLÍVIA** E SEUS AMIGOS.

 1 LEIAM JUNTOS A TIRINHA DA PERSONAGEM MAGALI.

MAURICIO DE SOUSA. **MAGALI**. SÃO PAULO: PANINI, N. 40, 2014.

PARA MAGALI, A IMAGEM DA LUA LEMBROU UM ALIMENTO. QUAL?

DEPOIS DE LER A TIRINHA, **OLÍVIA** INVENTOU UMA BRINCADEIRA E TROUXE PARA SEUS AMIGOS. VAMOS BRINCAR?

 2 SENTEM-SE EM RODA. VAMOS PRECISAR DE UMA BOLA PEQUENA.

OUÇAM COM ATENÇÃO, POIS A PROFESSORA VAI DAR AS INSTRUÇÕES.

E, JÁ QUE FALARAM EM COMIDA, QUE TAL CONHECER UMA RECEITA?

Dnepwu/Arquivo da editora

OLÍVIA TROUXE PARA A TURMA A IMAGEM DE UM SORVETE QUE DEU ÁGUA NA BOCA.

ELA MOSTROU O LIVRO DE RECEITAS DE ONDE TIROU A RECEITA E DISSE QUE É MUITO FÁCIL DE FAZER. DISSE TAMBÉM QUE É PRECISO SEGUIR ALGUMAS INSTRUÇÕES.

SERÁ QUE É MESMO FÁCIL? VAMOS LER E CONFERIR?

LEITURA: RECEITA

PICOLÉ DE LIMÃO

INGREDIENTES

Ilustrações: Camila de Godoy/Arquivo da editora

- FRUTAS CORTADAS EM PEDAÇOS: MORANGOS, LARANJA, KIWI, FRAMBOESAS, MANGA

- 1 LIMÃO

- 6 FOLHAS DE HORTELÃ

- 1 COLHER DE AÇÚCAR

- 3 XÍCARAS DE ÁGUA

MODO DE FAZER

Ilustrações: Camila de Godoy/Arquivo da editora

- PREPARE UMA LIMONADA COM O SUCO DO LIMÃO, O AÇÚCAR, AS FOLHAS DE HORTELÃ E A ÁGUA.

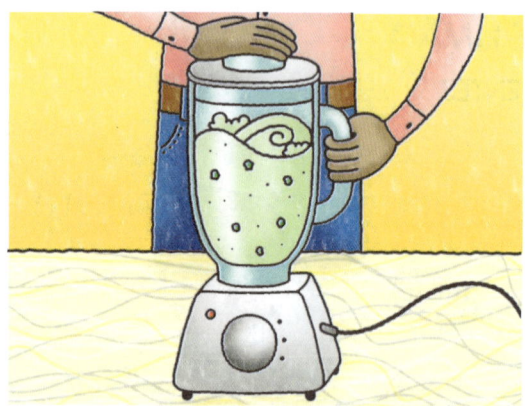

- BATA TODOS ESSES INGREDIENTES NO LIQUIDIFICADOR.

- EM UMA FORMINHA DE PICOLÉ, COLOQUE OS PEDAÇOS DE FRUTAS.

- POSICIONE UM PALITO EM CADA FORMINHA E CUBRA COM A LIMONADA.

- DEIXE NO CONGELADOR POR 1 HORA ANTES DE CONSUMIR.

DISPONÍVEL EM: <https://www.vix.com/pt/cozinha/539172/sorvete-caseiro-simples-e-saudavel-feito-de-pedacos-de-frutas-e-suco-de-limao-aprenda>. (ADAPTADO). ACESSO EM: 11 DEZ. 2019.

INTERPRETAÇÃO DO TEXTO

ATIVIDADE ORAL E ESCRITA

1 O QUE QUER DIZER A PALAVRA **INGREDIENTE**?

CONVERSE COM OS COLEGAS E REGISTRE NAS LINHAS A SEGUIR.

_____

_____

_____

2 LIGUE O DESENHO AO NOME DO INGREDIENTE USADO NA RECEITA.

| FRUTAS |
| HORTELÃ |
| ÁGUA |
| LIMÃO |
| AÇÚCAR |

Ilustrações: Camila de Godoy/Arquivo da editora

3 ESCREVA O NOME DO INGREDIENTE DE ACORDO COM A RECEITA.

A) SÃO CORTADAS EM PEDAÇOS.

B) É ESPREMIDO PARA CONSEGUIR O SUCO.

C) É MEDIDO COM COLHER.

4 NUMERE AS FRASES DE ACORDO COM A ORDEM DO QUE DEVE SER FEITO.

☐ BATER A LIMONADA NO LIQUIDIFICADOR.

☐ COLOCAR O PALITO NA FORMINHA.

☐ DEIXAR AS FORMINHAS NO CONGELADOR.

☐ ESPREMER O LIMÃO.

☐ COLOCAR AS FRUTAS NA FORMINHA.

5 PARA QUE SERVE UMA RECEITA? MARQUE A RESPOSTA.

☐ APENAS PARA DIVERTIR.

☐ PARA DAR INSTRUÇÕES.

☐ PARA CONTAR UMA HISTÓRIA.

6 **OLÍVIA** DISSE PARA SEUS AMIGOS QUE A RECEITA ERA MUITO FÁCIL DE FAZER. DEPOIS DA LEITURA, CONVERSE COM OS COLEGAS: VOCÊS CONCORDAM COM ELA? GOSTARAM DA RECEITA?

A PROFESSORA VAI ESCREVER UMA RESPOSTA COLETIVA NA LOUSA.

REGISTREM A RESPOSTA NAS LINHAS ABAIXO.

_____

_____

🍊 PRÁTICA DE ORALIDADE

TROCA-TROCA DE RECEITAS

● ESCOLHA UMA COMIDA DE QUE GOSTE. COPIE A RECEITA E TRAGA PARA A SALA NO DIA COMBINADO.

A) PREPARE-SE PARA FAZER A LEITURA DO TEXTO EM VOZ ALTA PARA OS COLEGAS, APRESENTANDO A RECEITA A ELES.

B) VOCÊ DEVE DEIXAR BEM CLARO QUAIS SÃO OS **INGREDIENTES** E QUAL É O **MODO DE FAZER** A RECEITA.

C) SE POSSÍVEL, COMBINE COM A PROFESSORA A GRAVAÇÃO DA APRESENTAÇÃO DA RECEITA EM ÁUDIO OU EM VÍDEO PARA QUE ELA SEJA OUVIDA OU VISTA POR OUTROS COLEGAS DA ESCOLA.

🍊 PRODUÇÃO DE TEXTO

RECEITA

A PERSONAGEM JULIETA GOSTA DE BRINCAR DE APRESENTAR RECEITAS COMO SE ESTIVESSE EM UM PROGRAMA DE TELEVISÃO.

LEIAM JUNTOS UMA DAS RECEITAS DE JULIETA. OBSERVEM QUE ELA SEMPRE CONTA COM A AJUDA DE UM ADULTO PARA USAR O FORNO, OBJETOS CORTANTES E OUTROS EQUIPAMENTOS DE COZINHA.

39

ZIRALDO. **JULIETA NO MUNDO DA CULINÁRIA**.
2. ED. SÃO PAULO: GLOBO, 2011. P. 39-40.
(COLEÇÃO ALMANAQUE MALUQUINHO).

GOSTARAM?

PARA GUARDAR ESSA RECEITA, VAMOS REGISTRÁ-LA POR ESCRITO.

PLANEJAMENTO

1. RELEIAM JUNTOS A HISTÓRIA EM QUADRINHOS.
2. PINTEM NOS BALÕES DE FALA OS **INGREDIENTES** E O **MODO DE FAZER**. ISSO AJUDARÁ A LOCALIZAR ESSAS INFORMAÇÕES.

ESCRITA

A PROFESSORA VAI REGISTRAR O TEXTO NA LOUSA PARA QUE TODOS POSSAM LER A RECEITA E, DEPOIS, COPIÁ-LA. MÃOS À OBRA!

REVISÃO

1. RELEIAM A RECEITA PARA VERIFICAR SE FICOU COMPLETA.
2. COPIEM A RECEITA NOS QUADROS A SEGUIR.

INGREDIENTES

_____

_____

_____

_____

_____

MODO DE FAZER

_____

_____

_____

_____

3. SE QUISEREM, LEVEM A RECEITA PARA SER FEITA EM CASA COM A AJUDA DE UM ADULTO.

 PALAVRAS EM JOGO

QUANDO AS VOGAIS SE ENCONTRAM

ATIVIDADE ORAL E ESCRITA

1 LEIA AS PALAVRAS ABAIXO. OBSERVE AS LETRAS QUE FORMAM ESSAS PALAVRAS.

JULIETA	LIMÃO

FAÇA UM CÍRCULO NAS LETRAS QUE REPRESENTAM **VOGAIS** E APARECEM **JUNTAS** NAS PALAVRAS.

2 LEIA AS PALAVRAS EM VOZ ALTA.

RECEITA	MAMÃO
LÚCIO	SAÚDE
OLÍVIA	FRAMBOESA

PINTE AS LETRAS **VOGAIS** QUE APARECEM JUNTAS NESSAS PALAVRAS.

ESSAS VOGAIS QUE APARECEM JUNTAS NA PALAVRA FORMAM UM **ENCONTRO DE VOGAIS**.

3 COM A AJUDA DA PROFESSORA, LEIA EM VOZ ALTA AS PALAVRAS. DEPOIS, LIGUE AS PALAVRAS DA PRIMEIRA COLUNA QUE TÊM O MESMO **ENCONTRO DE VOGAIS** DAS PALAVRAS DA SEGUNDA COLUNA.

TIO	PÃO
PAI	MEU
IRMÃO	VAI
EU	RIO

4 ESCOLHA NO QUADRO ABAIXO AS PALAVRAS QUE PODEM COMPLETAR CADA BALÃO DE FALA DOS PERSONAGENS.

OI	AU	UI	AI

5 COM A AJUDA DA PROFESSORA, FALE AS PALAVRAS A SEGUIR.

Ilustrações: Silvana Rando/ Arquivo da editora

| PAI | REI | BOI | LIA | LUA |

A) CIRCULE NAS PALAVRAS OS ENCONTROS DE LETRAS VOGAIS.

B) QUANTAS VOGAIS HÁ EM CADA ENCONTRO QUE VOCÊ CIRCULOU? _____

6 CADA IMAGEM A SEGUIR ACOMPANHA A PALAVRA QUE DÁ NOME A ELA.

A) FALE A PALAVRA EM VOZ ALTA.

Ilustrações: Silvana Rando/ Arquivo da editora

| LEOA | SAIA | BALEIA |
| MEIA | PRAIA | SEREIA |

B) CIRCULE AS LETRAS QUE FORMAM OS ENCONTROS DE VOGAIS NAS PALAVRAS.

C) QUANTAS LETRAS VOGAIS FORMAM CADA ENCONTRO QUE VOCÊ CIRCULOU? _____

USO DO TIL

1 COM A PROFESSORA, CANTEM A CANTIGA A SEGUIR.

BALAIO

EU QUERIA SER BALAIO, BALAIO EU QUERIA SER

PRA FICAR DEPENDURADO, NA CINTURA DE VOCÊ.

BALAIO MEU BEM, BALAIO SINHÁ

BALAIO DO **CORAÇÃO**

MOÇA QUE NÃO TEM BALAIO, SINHÁ

BOTA A COSTURA NO CHÃO

EU MANDEI FAZER BALAIO, PRA GUARDAR MEU ALGODÃO

BALAIO SAIU PEQUENO, NÃO QUERO BALAIO NÃO.

DOMÍNIO PÚBLICO.

Phoompiphat Phoomkaew/Shutterstock

BALAIOS COM ALGODÃO.

2 NA CANTIGA, A PALAVRA **CORAÇÃO** ESTÁ DESTACADA.

A) FAÇA UM CÍRCULO EM TORNO DAS PALAVRAS QUE RIMAM COM **CORAÇÃO**.

B) HÁ UM SINAL QUE APARECE EM TODAS ESSAS PALAVRAS. COPIE: ☐

O SINAL QUE VOCÊ COPIOU SE CHAMA **TIL**.

3 OUÇA E REPITA AS PALAVRAS A SEGUIR. PERCEBA O QUE ACONTECE QUANDO SE USA O **TIL**.

| ROMA | ROMÃ | VILA | VILÃ |

4 OUÇA E DEPOIS REPITA AS PALAVRAS ABAIXO.

A) PERCEBA O QUE ACONTECE QUANDO O TIL NÃO É USADO.

| MAE | PAO | NAO | CHAO |

B) COLOQUE O **TIL** NAS PALAVRAS. OUÇA A LEITURA NOVAMENTE.

5 COM A AJUDA DA PROFESSORA, LEIA O NOME DAS FIGURAS.

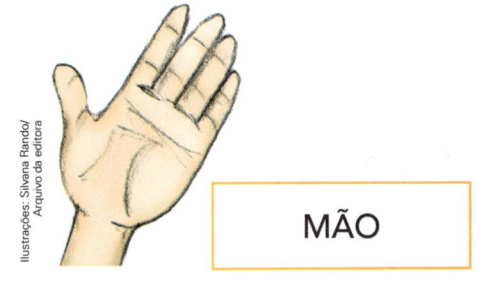

Ilustrações: Silvana Rando/ Arquivo da editora

MÃO

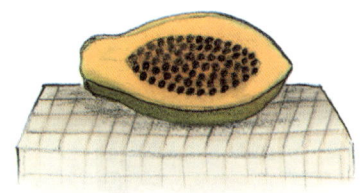

MAMÃO

CIRCULE OS ENCONTROS DE VOGAIS DAS PALAVRAS QUE VOCÊ LEU.

PESQUISA

1 RECORTE DE REVISTAS E JORNAIS 3 PALAVRAS QUE TENHAM **ENCONTROS DE VOGAIS**. RECORTE TAMBÉM 2 PALAVRAS QUE TENHAM O SINAL **TIL**. TRAGA AS PALAVRAS PARA A SALA DE AULA.

2 AJUDE A PROFESSORA A ORGANIZAR LISTAS COM AS PALAVRAS TRAZIDAS POR TODOS DA TURMA.

MEMÓRIA EM JOGO

LEIA OS VERSOS COM A AJUDA DA PROFESSORA. DEPOIS, MEMORIZE A CANÇÃO E CANTE-A COM OS COLEGAS.

CAI, CAI, BALÃO, CAI, CAI, BALÃO
NA RUA DO SABÃO
NÃO CAI, NÃO, NÃO CAI, NÃO, NÃO CAI, NÃO
CAI AQUI NA MINHA MÃO!

TRADIÇÃO POPULAR.

Silvana Rando/ Arquivo da editora

NO CADERNO, ESCREVA OS VERSOS COMO VOCÊ SOUBER.

PARA INICIAR

VEJA DO QUE **BIA** E **PAULA** GOSTAM DE BRINCAR.

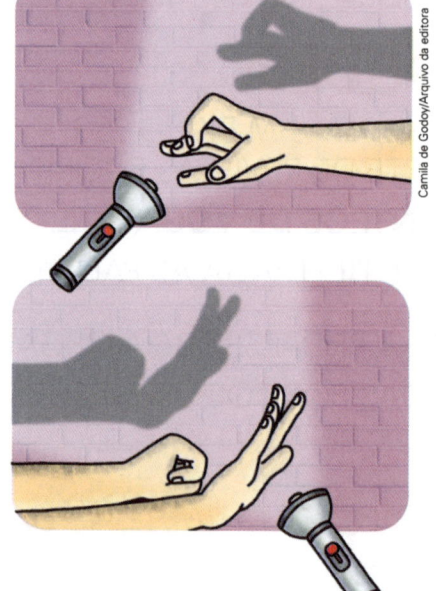

 AGORA VOCÊS! SIGAM AS ORIENTAÇÕES DA PROFESSORA.

- PEGUEM UMA LANTERNA.

- DEIXEM A SALA MAIS ESCURA.

- ACENDAM A LANTERNA COM A LUZ APONTANDO PARA A PAREDE.

- INVENTEM FIGURAS COM AS MÃOS EM FRENTE À LUZ.

- VEJAM SE OS COLEGAS ADIVINHAM AS FIGURAS!

BIA E **PAULA** TROUXERAM A HISTÓRIA DO **BICHO-PAPÃO**.

VOCÊS JÁ OUVIRAM ESSA PALAVRA? OBSERVEM ABAIXO OS PERSONAGENS DA HISTÓRIA. ELES PARECEM ASSUSTADOS. O QUE SERÁ QUE ACONTECEU?

Dnepwu/Arquivo da editora

 ## LEITURA: HISTÓRIA

BICHO-PAPÃO!

O PATO ANDAVA PELO QUINTAL.

— CHI!… — ELE DISSE. — TEM UM BICHO NO MURO.

CHEGOU O GALO E O PATO FALOU:

— VEJA!… TEM UM BICHO ESQUISITO NO MURO.

— CRUZES!… — FALOU O GALO.

CHEGOU O GATO E O GALO DISSE:

— CUIDADO!… TEM UM BICHO ESTRANHO NO MURO.

— NOSSA!… — DISSE O GATO. — PARECE QUE ELE ESTÁ CRESCENDO. […]

CHEGOU O BODE E O GATO FALOU:

— ATENÇÃO!… TEM UM BICHO ENORME NO MURO.

— PUXA!… QUE MEDO! — DISSE O BODE. […]

— PARECE UM BICHO-PAPÃO!… — FALOU O PATO. […]

ELES TREMIAM DE MEDO.

Silvana Rando/Arquivo da editora

O QUE VOCÊ ACHA QUE VAI ACONTECER? ACOMPANHE.

MAS O GATO OLHOU PARA TRÁS E FALOU:
— VEJAM!... VEJAM QUEM ESTÁ ALI!...

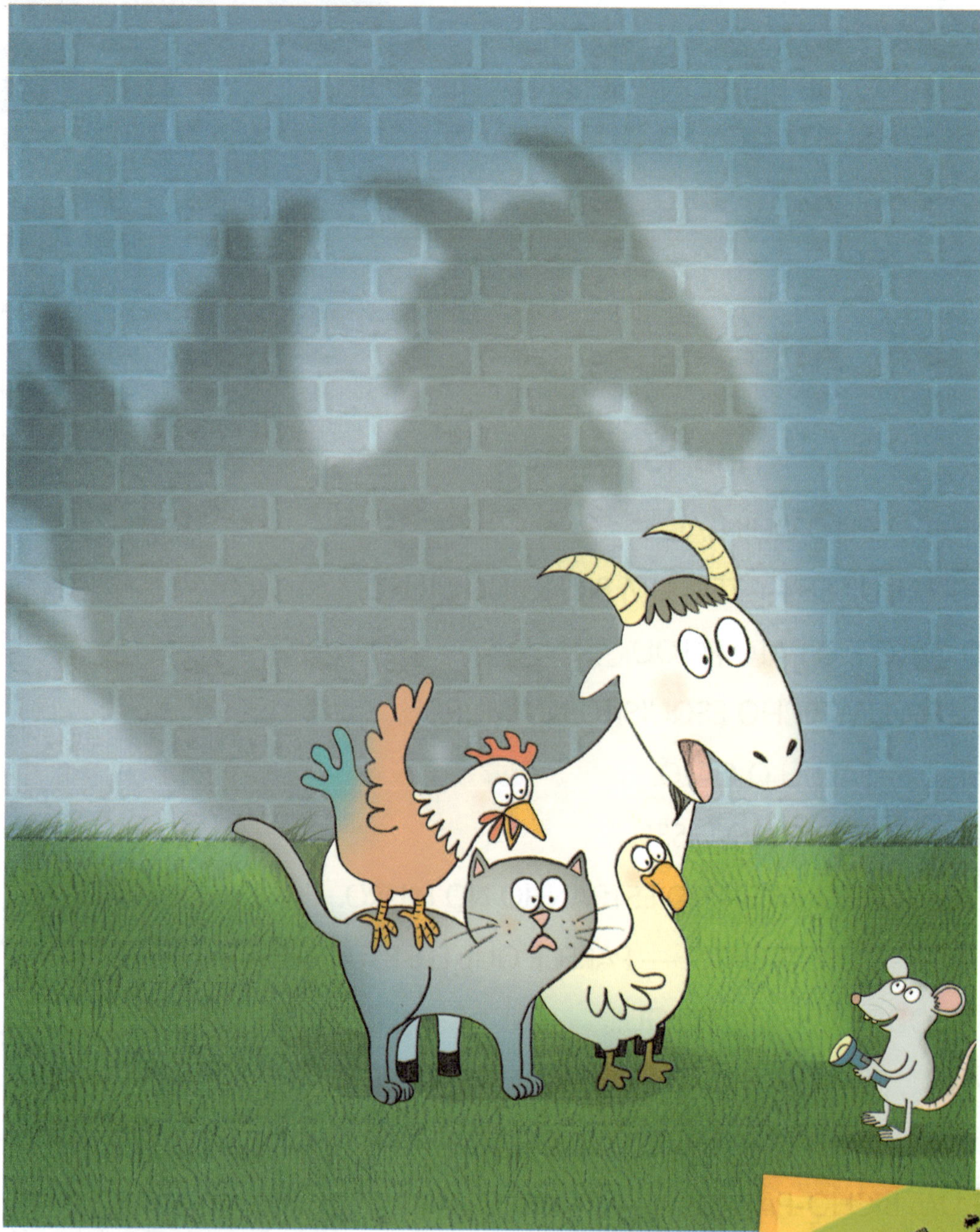

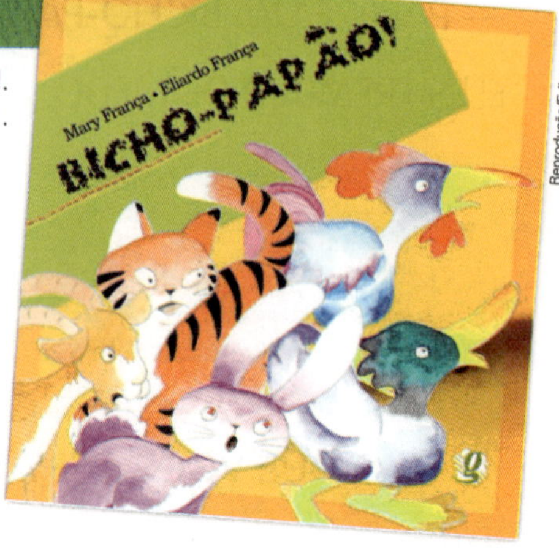

MARY FRANÇA E ELIARDO FRANÇA. **BICHO-PAPÃO!**.
SÃO PAULO: GLOBAL, 2011.

MARY
E ELIARDO

 INTERPRETAÇÃO DO TEXTO

ATIVIDADE ORAL E ESCRITA

1 CIRCULE O PERSONAGEM QUE É O PRIMEIRO A VER ALGO ESTRANHO NO MURO.

Ilustrações: Silvana Rando/ Arquivo da editora

2 CADA PERSONAGEM USOU UMA EXPRESSÃO PARA MOSTRAR ESPANTO. LIGUE A EXPRESSÃO AO PERSONAGEM QUE A FALOU.

PUXA!

CRUZES!

CHI!

NOSSA!

3 ESCREVA QUAL PERSONAGEM ACHOU QUE TINHA VISTO UM

BICHO-PAPÃO. _____

4 ESCREVA QUAL FOI O PERSONAGEM CAUSADOR DA CONFUSÃO.

_____

5 CONVERSE COM OS COLEGAS. OS ANIMAIS PENSARAM QUE TINHAM VISTO UM BICHO-PAPÃO. VOCÊS ACHAM QUE ESSE BICHO EXISTE OU É ALGO DA NOSSA IMAGINAÇÃO?

6 PINTE O  QUE MOSTRA A INTENÇÃO DESSA HISTÓRIA.

☐ APENAS AMEDRONTAR.

☐ DIVERTIR O LEITOR.

☐ ENSINAR A FAZER ALGO.

🍊 PRÁTICA DE ORALIDADE

CONVERSA EM JOGO

HISTÓRIAS QUE O POVO CONTA...

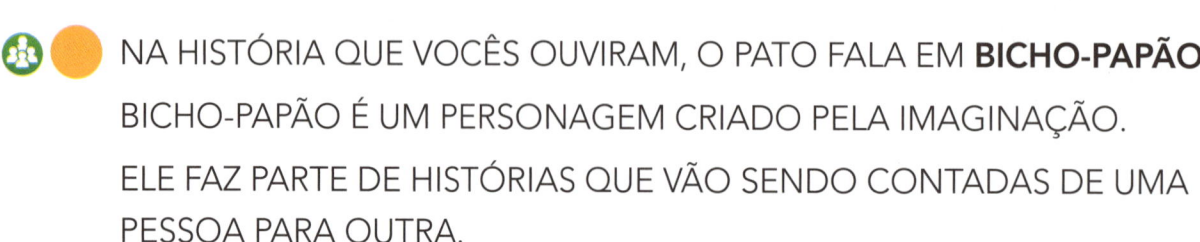

Silvana Rando/Arquivo da editora

NA HISTÓRIA QUE VOCÊS OUVIRAM, O PATO FALA EM **BICHO-PAPÃO**.

BICHO-PAPÃO É UM PERSONAGEM CRIADO PELA IMAGINAÇÃO.

ELE FAZ PARTE DE HISTÓRIAS QUE VÃO SENDO CONTADAS DE UMA PESSOA PARA OUTRA.

VOCÊS CONHECEM OUTROS PERSONAGENS DA IMAGINAÇÃO QUE SURGIRAM EM HISTÓRIAS QUE O POVO CONTA?

FALEM SOBRE O QUE CONHECEM.

 # AÍ VEM... HISTÓRIA

DÁ PARA IMAGINAR UMA VACA BOTANDO OVO?

1 ACOMPANHEM A LEITURA DO RESUMO E DE UM TRECHO DO LIVRO **A VACA QUE BOTOU UM OVO**.

Editora Salamandra/Arquivo da editora

A VACA QUE BOTOU UM OVO

RESUMO

MIMOSA ERA UMA VACA QUE NÃO SABIA ANDAR DE BICICLETA NEM PLANTAR BANANEIRA COMO AS OUTRAS VACAS. POR ISSO VIVIA TRISTE, ATÉ QUE AS GALINHAS RESOLVERAM AJUDAR A AMIGA: COLOCARAM UM OVO PARA FAZER MIMOSA PENSAR QUE O HAVIA BOTADO. A NOTÍCIA SE ESPALHOU E A VACA SE SENTIU FELIZ POR FAZER ALGO QUE NENHUMA VACA HAVIA FEITO. AS VACAS ACHARAM QUE AS GALINHAS TINHAM ARMADO TUDO ISSO E PEDIRAM UMA PROVA. MIMOSA, ENTÃO, CHOCOU O OVO POR DIAS E DIAS ATÉ QUE...

TRECHO

[...]

O OVO RACHOU, ABRIU-SE E DELE SALTOU UMA BOLINHA MARROM E CHEIA DE PENAS.

— NÃO FALEI? — DISSE UMA DAS VACAS, BALANÇANDO A CABEÇA.

— UMA GALINHA!

ENTÃO, A CRIATURINHA OLHOU PARA MIMOSA E...

— MUUUUUUU! — ELA GRITOU BEM ALTO.

MIMOSA SORRIU E ABRAÇOU SEU BEBÊ BEM FORTE.

ANDY CUTBILL. **A VACA QUE BOTOU UM OVO.** SÃO PAULO: SALAMANDRA, 2010.

2 VOCÊ GOSTOU DESSA HISTÓRIA? CIRCULE UMA CARINHA PARA DAR SUA RESPOSTA.

 SIM    UM POUCO    NÃO

PRODUÇÃO DE TEXTO

RECONTAR A HISTÓRIA

1 VEJAM 3 MOMENTOS DA HISTÓRIA **BICHO-PAPÃO!**

Silvana Rando/Arquivo da editora

2 CONVERSEM SOBRE A HISTÓRIA.

- QUAIS SÃO OS PERSONAGENS?
- ONDE ELES PARECEM ESTAR?
- O QUE ASSUSTOU O PATO?
- O QUE ACONTECEU DEPOIS?
- COMO FOI O FINAL DA HISTÓRIA?

3 VAMOS REESCREVER ESSA HISTÓRIA? A PROFESSORA VAI REGISTRAR O QUE FOR CONTADO.

4 COPIE A HISTÓRIA NO CADERNO.

 # PALAVRAS EM JOGO

LETRA B

1 RELEIA O TÍTULO DO LIVRO.

> BICHO-PAPÃO

ESSE TÍTULO É UM NOME FORMADO POR 2 PALAVRAS.

A) CIRCULE DE **AMARELO** A PRIMEIRA PALAVRA E DE **AZUL** A SEGUNDA.

B) ESCREVA QUANTAS LETRAS EXISTEM NESSE TÍTULO: _____.

C) PINTE DE **VERMELHO** O SINAL QUE DIVIDE AS DUAS PALAVRAS E QUE NÃO É LETRA.

2 COM UM LÁPIS **VERMELHO** E UM **AZUL**, LIGUE AS LETRAS DESTACADAS ÀS PALAVRAS QUE COMEÇAM COM AS MESMAS LETRAS.

BICHO-**P**APÃO

PAULA	BIA	PATO	BODE

3 PINTE O NOME QUE CORRESPONDE A CADA FIGURA.

PTAO	PATO	TAPO	TOPA

GATO	GOTA	TAGO	TOGA

Ilustrações: Silvana Rando/ Arquivo da editora

4 CIRCULE APENAS AS PALAVRAS QUE COMEÇAM COM A LETRA **B**.

| BICO | PICO | POTE | BATATA | BOTE | BIDU |

A) LEIAM JUNTOS AS PALAVRAS QUE FORAM CIRCULADAS.

B) AGORA LEIAM JUNTOS AS PALAVRAS QUE **NÃO** FORAM CIRCULADAS.

5 LIGUE AS LETRAS USANDO CORES:

- **VERMELHO**: PARA LIGAR AS LETRAS MAIÚSCULAS.
- **AZUL**: PARA LIGAR AS LETRAS MINÚSCULAS.

B
b

b   B   b   b   B   B

6 NO **CADERNO DE ATIVIDADES**, NA PÁGINA 29, TRACE A LETRA **B**.

7 AGORA, CIRCULE A LETRA **B** NAS PALAVRAS A SEGUIR.

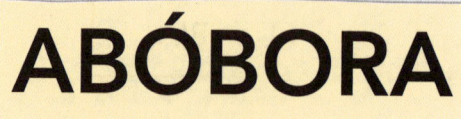

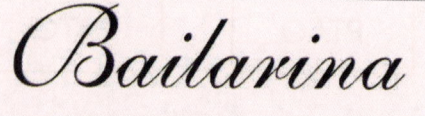

8 PINTE A LETRA **B** NOS NOMES.

| BEATRIZ | EDU | ALINE | UBIRACI | BÁRBARA | ABEL |

ATIVIDADES

1 ENCONTRE AS 3 PALAVRAS ESCONDIDAS NA TOALHA DE MESA. CIRCULE CADA UMA DELAS.

BANANA

BOLO

BULE

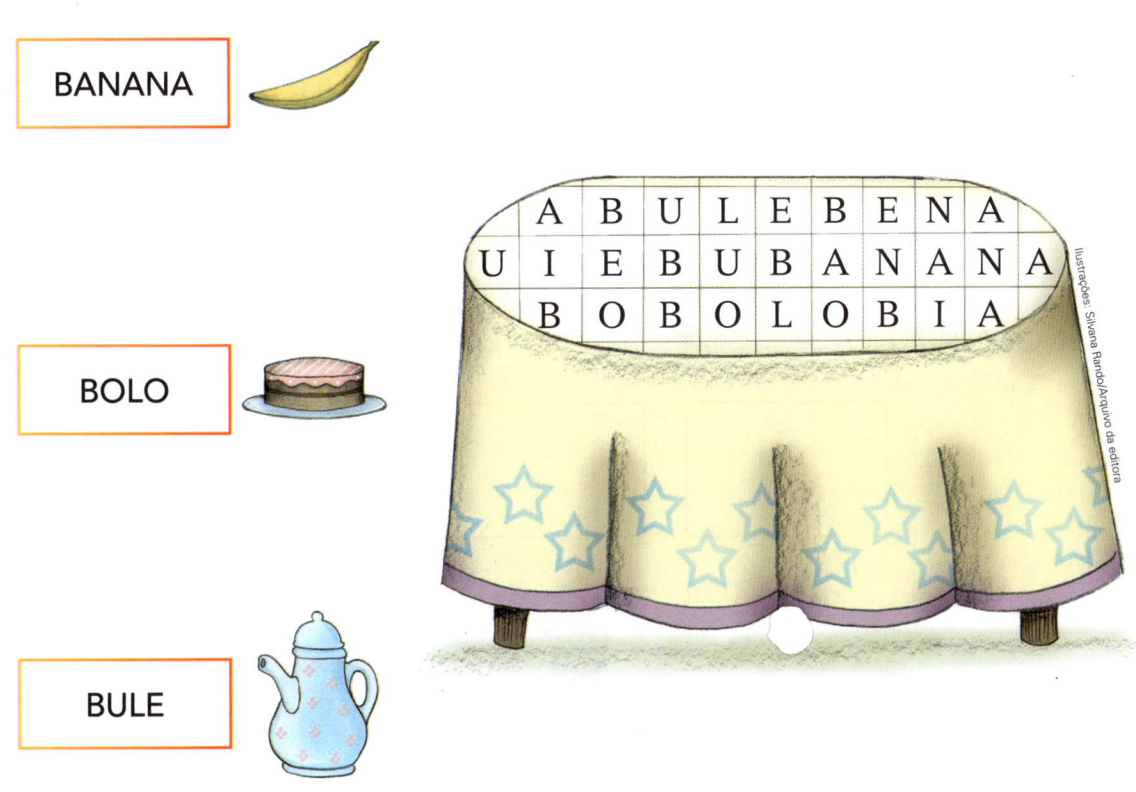

Ilustrações: Silvana Rando/Arquivo da editora

A	B	U	L	E	B	E	N	A
U	I	E	B	U	B	A	N	A	N	A
B	O	B	O	L	O	B	I	A

2 COMPLETE OS ESPAÇOS COM LETRAS VOGAIS E FORME PALAVRAS. DEPOIS, ESCREVA AS PALAVRAS NOS QUADROS AO LADO.

B____C____

B____L____

B____ ____

VOCÊ JÁ NOTOU QUANTAS PALAVRAS COMEÇAM COM A LETRA **B**?
VAMOS VER ALGUMAS DELAS. O RESTO É COM VOCÊ!

3 AS PALAVRAS ABAIXO COMPLETAM A ADIVINHA. COPIE CADA PALAVRA NO ESPAÇO ADEQUADO.

| BONECA | BALA | BOTA | BEIJO | BAÚ |

ENCONTRE NO  , NA  E NA

Levina Anastasia/
Shutterstock

O QUE TAMBÉM EXISTE NA  E NO

Ilustrações: Silvana
Rando/Arquivo da editora

MAS NÃO ENTRA NO **QUEIJO**. O QUE É? _____.

SÍLABAS

1 COM A AJUDA DA PROFESSORA, FALE AS PALAVRAS EM VOZ ALTA.

| BODE | | | BOI | |

| ALINE | | | BONECA | |

A) ESCREVA DENTRO DOS ☐ EM QUANTOS PEDAÇOS OU IMPULSOS VOCÊ FALOU CADA PALAVRA.

CADA PEDAÇO OU IMPULSO FALADO É UMA **SÍLABA**.

B) CIRCULE A PALAVRA QUE TEM MENOS SÍLABAS.

2 FALE AS PALAVRAS EM VOZ ALTA. PINTE OS ☐ DE ACORDO COM O NÚMERO DE SÍLABAS (PEDAÇOS) DE CADA UMA.

 BATATAS ☐ ☐ ☐ ☐

 BOCA ☐ ☐ ☐ ☐

BOLA ☐ ☐ ☐ ☐

LETRA B

BIA QUER SABER POR QUE A LETRA **B** É ASSIM. VAMOS DESCOBRIR? ACOMPANHE A PROFESSORA.

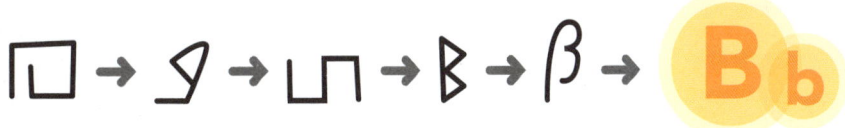

LETRA P

1 **PAULA** GOSTA DE DESAFIOS E TROUXE ESTE PARA A TURMA.

Dnepwu/Arquivo da editora

- AJUDE O PATO A VER O QUE TEM NO MURO.
- O CAMINHO SÓ PODE TER PALAVRAS COM A LETRA P.

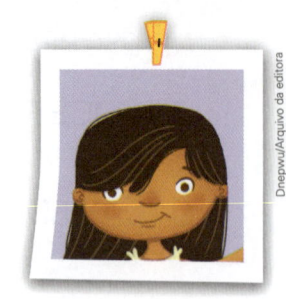

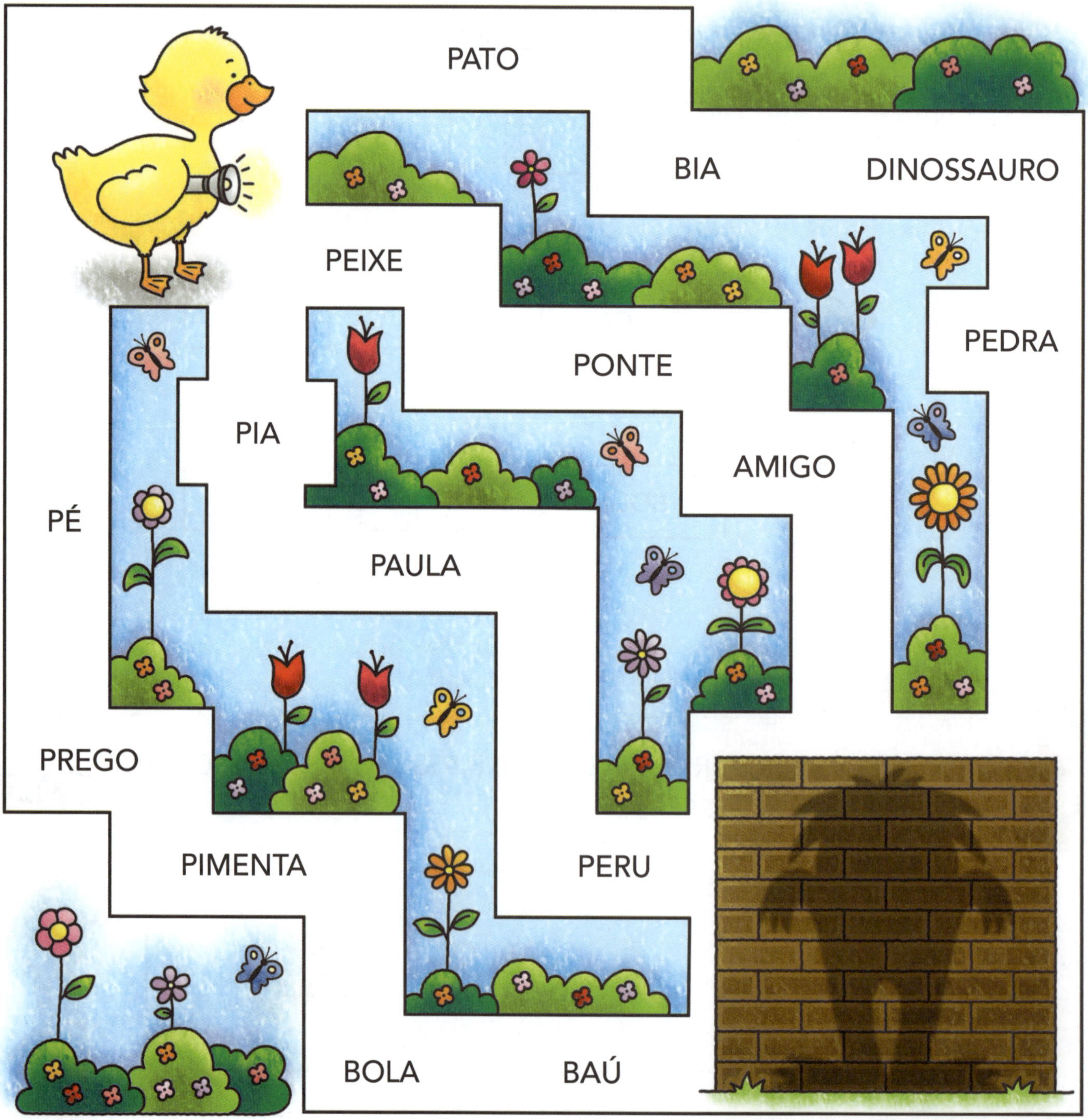
PATO
BIA
DINOSSAURO
PEIXE
PEDRA
PONTE
PIA
AMIGO
PÉ
PAULA
PREGO
PIMENTA
PERU
BOLA
BAÚ
Camila de Godoy/Arquivo da editora

2 LEIA EM VOZ ALTA AS PALAVRAS A SEGUIR.

BALEIA | PICADA | BOLOTA

BURACO | PALITO

FAÇA UM CÍRCULO APENAS NAS PALAVRAS QUE COMEÇAM COM A LETRA **P**.

3 LIGUE AS LETRAS USANDO CORES:

- **VERMELHO**: PARA LIGAR AS LETRAS MAIÚSCULAS.
- **AZUL**: PARA LIGAR AS LETRAS MINÚSCULAS.

P

p

P p p p P P

4 NO **CADERNO DE ATIVIDADES**, NA PÁGINA 30, TRACE A LETRA **P**.

5 AGORA, CIRCULE A LETRA **P** NAS PALAVRAS ABAIXO.

TEMPO

poesia

apito

Pincel

Imagens: Reprodução/ Arquivo da editora

ATIVIDADES

1 ESCOLHA AS SÍLABAS NO QUADRO A SEGUIR E ESCREVA PALAVRAS.

PO	BA	PA
BO	PI	

_____TA

_____TO

_____TE

2 OUÇA AS PALAVRAS QUE A PROFESSORA VAI LER.

A) BATA PALMAS SÓ QUANDO OUVIR AQUELAS COM **P** NO INÍCIO.

POTE	BATA	PICADA
BOTE	PATA	BICADA

BICO	PULE	PIA
PICO	BULE	BIA

B) PINTE AS PALAVRAS QUE RECEBERAM PALMAS.

3 **DITADO.** A PROFESSORA VAI DITAR UMA PALAVRA DE CADA QUADRO DE PALAVRAS. CIRCULE APENAS AS PALAVRAS QUE A PROFESSORA FALAR.

A)	BOI	BIA	BAÚ

B)	PIA	PAU	PAI

C)	BIBI	PIPA	PAPO

D)	PITADA	BICADA	BOLOTA

LETRA P

PAULA QUER SABER POR QUE A LETRA **P** É ASSIM.
OLHE O DESENHO E OUÇA O QUE A PROFESSORA VAI CONTAR SOBRE COMO SURGIU A LETRA **P**.

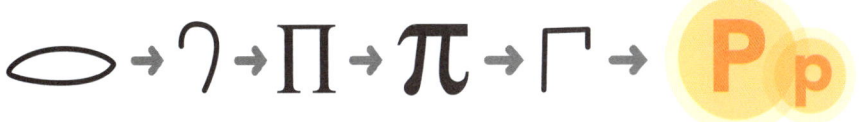

Dnepwu/Arquivo da editora

PESQUISA

RECORTE DE JORNAIS E REVISTAS 3 PALAVRAS QUE TENHAM A LETRA **B** E 3 QUE TENHAM A LETRA **P**. COLE AS PALAVRAS NO SEU CADERNO.

- FALE AS PALAVRAS QUE VOCÊ ESCOLHEU PARA A PROFESSORA MONTAR UMA LISTA. LEIA COM OS COLEGAS A LISTA DE VOCÊS.

MEMÓRIA EM JOGO

1 TREINEM PARA VER QUEM FALA MAIS RÁPIDO ESTES TRAVA-LÍNGUAS.

A PATA EMPATA A PATA
PORQUE CADA PATA
TEM UM PAR DE PATAS
[...]

JOSÉ PAULO PAES.
POEMAS PARA BRINCAR.
SÃO PAULO: ÁTICA, 2000.

UM BODE BRAVO
É UMA BARRA!

ELIAS JOSÉ.
QUEM LÊ COM PRESSA TROPEÇA.
BELO HORIZONTE: LÊ, 1992.

Ilustrações: Silvana Rando/ Arquivo da editora

2 NAS PÁGINAS 29 E 30 DO **CADERNO DE ATIVIDADES**, ESCREVA DO SEU JEITO CADA UM DOS TRAVA-LÍNGUAS QUE VOCÊ APRENDEU.

HISTÓRIA EM QUADRINHOS

PARA INICIAR

DESENHANDO DINOSSAUROS!
VOCÊ GOSTA DE DINOSSAUROS? QUE TAL APRENDER A DESENHÁ-LOS?

OBSERVE OS DESENHOS ABAIXO E SIGA AS ORIENTAÇÕES DA PROFESSORA.

Camila de Godoy/Arquivo da editora

DANIELA E **TATIANA** SE DIVERTEM COM HISTÓRIAS EM QUADRINHOS SOBRE DINOSSAUROS.

VAMOS LER UMA HISTÓRIA EM QUE SÃO ENCONTRADOS OVOS DE DINOSSAUROS. SERÁ QUE ISSO É POSSÍVEL? DESCUBRA.

UNIDADE 5

 ## LEITURA: HISTÓRIA EM QUADRINHOS

[...]

SERÁ QUE MALUQUINHO VAI ACHAR OVOS DE DINOSSAUROS?

© Ziraldo Alves Pinto/Acervo do cartunista

[...]

SERÁ UMA PEDRA OU SERÁ UM OVO DE DINOSSAURO?

[...]

[...]

E AGORA? O QUE VAI ACONTECER?

ZIRALDO. **AVENTURAS DO MALUQUINHO**. SÃO PAULO: GLOBINHO, 2019. P. 49-56.

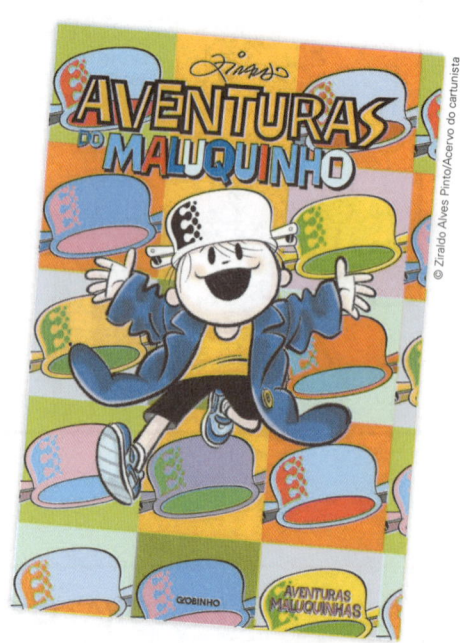

INTERPRETAÇÃO DO TEXTO

ATIVIDADE ORAL E ESCRITA

1 LIGUE O NOME A CADA PERSONAGEM DA HISTÓRIA.

JUNIM

BOCÃO

MALUQUINHO

2 COPIE NO ESPAÇO ADEQUADO AS PALAVRAS QUE COMPLETAM A FRASE.

OVO

OSSO

MALUQUINHO QUERIA ACHAR UM _____ DE

DINOSSAURO, MAS ACHOU UMA PEDRA E PENSOU QUE FOSSE UM

_____ .

3 LEIA ESTES DOIS QUADRINHOS:

PINTE O ☐ QUE INDICA O QUE OS MENINOS ACREDITAM TER ACHADO.

☐ PEDRA ☐ OVO DE DINOSSAURO ☐ DINOSSAURO

4 O QUE REALMENTE FOI ENCONTRADO? PINTE O ☐ COM A RESPOSTA CORRETA.

☐ PEDRA ☐ OVO DE DINOSSAURO ☐ DINOSSAURO

5 LEIAM OS QUADRINHOS E OBSERVEM AS EXPRESSÕES DOS PERSONAGENS. DEPOIS, LIGUEM COM AS PALAVRAS QUE INDICAM COMO SE SENTEM OS MENINOS EM CADA UM DOS QUADRINHOS.

ASSUSTADOS

ALEGRES

ORGULHOSOS

SURPRESOS

O QUE PROVOCOU A MUDANÇA DOS PERSONAGENS DE UM QUADRINHO PARA O OUTRO? CONVERSE COM OS COLEGAS.

6 RELEIAM E COMPAREM OS QUADRINHOS QUE MOSTRAM O QUE ACONTECEU NO FINAL DA HISTÓRIA.

© Ziraldo Alves Pinto/Acervo do cartunista

O QUE MUDOU DE UM QUADRINHO PARA O OUTRO? CONVERSE COM OS COLEGAS.

7 O QUE O BALÃO QUE MOSTRA UM DESENHO NO ÚLTIMO QUADRINHO INDICA? COPIE A RESPOSTA CORRETA.

FALA	IMAGINAÇÃO	SONHO

8 NO FINAL DA HISTÓRIA, OS MENINOS FICARAM ALEGRES PORQUE:

☐ ACHARAM OVOS DE DINOSSAUROS.

☐ ACHARAM DINOSSAUROS VIVOS.

☐ IMAGINARAM DINOSSAUROS CHUTANDO AS PEDRAS.

9 VAMOS COLOCAR ORDEM NESSA HISTÓRIA.

RECORTE AS FRASES DA PÁGINA 295 DE **RECORTES** E COLE NA ORDEM DOS ACONTECIMENTOS DA HISTÓRIA.

1	
2	
3	
4	

PRÁTICA DE ORALIDADE

RECONTO DA HISTÓRIA

VAMOS RECONTAR A HISTÓRIA QUE VOCÊS LERAM?

A) AGUARDEM A PROFESSORA ORGANIZAR OS GRUPOS.

B) OUÇAM AS INSTRUÇÕES DELA.

C) CADA ALUNO DEVERÁ CONTAR UMA PARTE DA HISTÓRIA AOS COLEGAS DO GRUPO.

D) OUÇAM COM ATENÇÃO AS FALAS DOS COLEGAS.

E) CADA UM DEVERÁ AGUARDAR A VEZ DE SER CHAMADO PARA CONTAR A SUA PARTE DA HISTÓRIA.

CONVERSA EM JOGO

ACREDITAR EM TUDO

QUANDO MALUQUINHO MOSTRA O QUE ENCONTROU, BOCÃO ACHA QUE SE TRATA DE UMA PEDRA.
MALUQUINHO, PORÉM, INSISTE E CONVENCE O AMIGO DE QUE SE TRATA DE UM OVO DE DINOSSAURO E BOCÃO ACREDITA NO QUE ELE DIZ.
VOCÊ JÁ PASSOU POR UMA SITUAÇÃO PARECIDA? CONTE PARA OS COLEGAS. DEPOIS, OUÇA COM ATENÇÃO O QUE ELES TÊM A DIZER.

PRODUÇÃO DE TEXTO

RECONTO ESCRITO

ATIVIDADE ORAL E REGISTRO COLETIVO

1 LEIAM A HISTÓRIA EM QUADRINHOS COM OS PERSONAGENS CEBOLINHA E CASCÃO.

MAURICIO DE SOUSA. **CEBOLINHA**. N. 40. SÃO PAULO: ED. ABRIL, 1976.

2 O QUE ACONTECEU NESSA HISTÓRIA? CONVERSE COM OS COLEGAS.

3 VOCÊS VÃO RECONTAR A HISTÓRIA SÓ COM PALAVRAS.
A PROFESSORA VAI REGISTRAR A HISTÓRIA CONTADA POR TODOS. DEPOIS, COPIEM NO CADERNO.

 # PALAVRAS EM JOGO

LETRA D

ATIVIDADE ORAL E ESCRITA

1 LEIA AS PALAVRAS:

DANIELA

DADO

DINOSSAURO

A) CIRCULE A **SÍLABA** FORMADA COM A LETRA **D** NAS PALAVRAS.

B) ESCREVA NO ☐ O NÚMERO DE **LETRAS** DE CADA PALAVRA.

2 RELEIA ESTAS PALAVRAS.
EM QUANTAS SÍLABAS VOCÊ FALA CADA PALAVRA?

DANIELA ☐

DINOSSAURO ☐

3 LIGUE AS LETRAS USANDO CORES:

- **VERMELHO**: PARA LIGAR AS LETRAS MAIÚSCULAS.

- **AZUL**: PARA LIGAR AS LETRAS MINÚSCULAS.

D

d

D D d
d D d

4 VÁ PARA A PÁGINA 31 DO **CADERNO DE ATIVIDADES** E TRACE A LETRA **D**.

ATIVIDADES

1 LIGUE AS PALAVRAS E AS FIGURAS PARA FORMAR OS PARES.

DEDO

DINHEIRO

DADO

DOCES

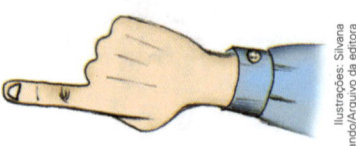

Ilustrações: Silvana Rando/Arquivo da editora

2 UMA DAS PALAVRAS FICOU SEM PAR NA ATIVIDADE 1. DESENHE NO QUADRO VAZIO A FIGURA QUE FAZ PAR COM ESSA PALAVRA.

3 DESCUBRA AS PALAVRAS **DINO**, **DANIELA** E **DEDO** NO QUADRO DE PALAVRAS E CIRCULE-AS.

D	I	N	O	M	I	N	O	L	A	D	I	O
L	A	D	E	D	O	V	H	E	L	D	A	L
P	E	D	B	O	F	C	O	V	O	P	I	L
A	P	A	D	A	N	I	E	L	A	U	R	O

4 COM UM COLEGA, JUNTE AS SÍLABAS DAS PALAVRAS E DESCUBRA O NOME DE CADA FIGURA.

DA FA	DE BO	CA A DE DO	CO CA DA
_____	_____	_____	_____

5 MARQUE NO ☐ AS FIGURAS QUE COMEÇAM COM A LETRA DADA.

6 **DITADO**. A PROFESSORA VAI DITAR UMA PALAVRA DE CADA DUPLA DE PALAVRAS. PINTE APENAS A QUE A PROFESSORA FALAR.

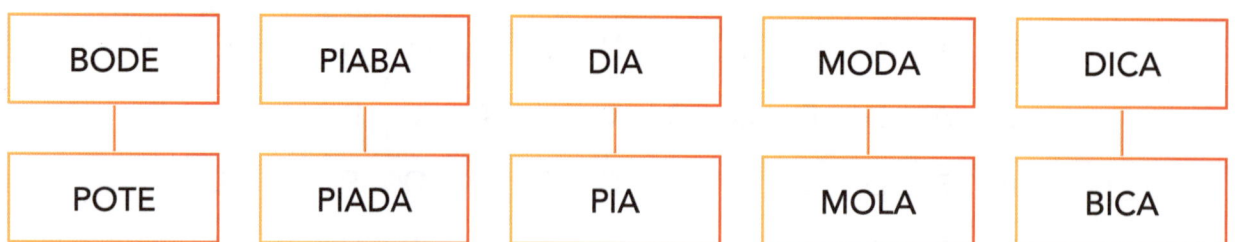

BODE	PIABA	DIA	MODA	DICA
POTE	PIADA	PIA	MOLA	BICA

7 PEGUE AS SÍLABAS DO QUADRO NO SILABÁRIO DO **ÁPIS DIVERTIDO**, NAS PÁGINAS 21 E 23, E FORME NOVAS PALAVRAS.

DE	DI	DU	GU	FA	VI
PE	PO	DO	DA	GA	BO

ESCREVA AS PALAVRAS FORMADAS.

_____   _____   _____

_____   _____   _____

_____   _____   _____

LETRA D

VEJA COM **DANIELA** POR QUE A LETRA **D** TEM ESSE FORMATO.

Dnepwu/Arquivo da editora

LETRA T

1 O **TIRANOSSAURO** É O DINOSSAURO PREFERIDO DE **TATIANA**!
CIRCULE A SÍLABA FORMADA COM A LETRA **T** NAS PALAVRAS:

TIRANOSSAURO

TATIANA

2 ESCREVA O NÚMERO DE LETRAS DE CADA PALAVRA.

TIRANOSSAURO →

TATIANA →

3 FALE AS PALAVRAS E MARQUE EM QUANTOS PEDAÇOS OU SÍLABAS VOCÊ FALOU.

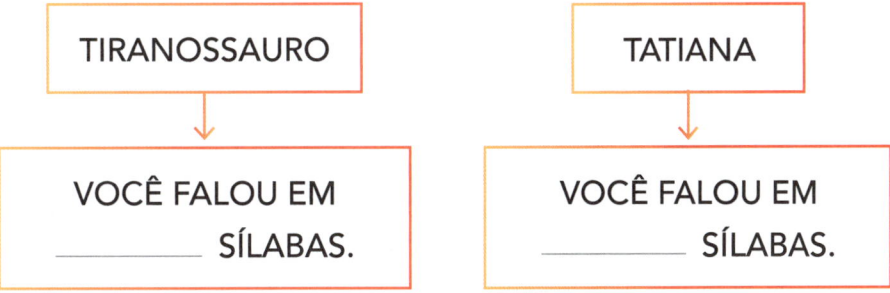

TIRANOSSAURO

TATIANA

VOCÊ FALOU EM _____ SÍLABAS.

VOCÊ FALOU EM _____ SÍLABAS.

4 LIGUE AS LETRAS USANDO CORES:

- **VERMELHO**: PARA LIGAR AS LETRAS MAIÚSCULAS.
- **AZUL**: PARA LIGAR AS LETRAS MINÚSCULAS.

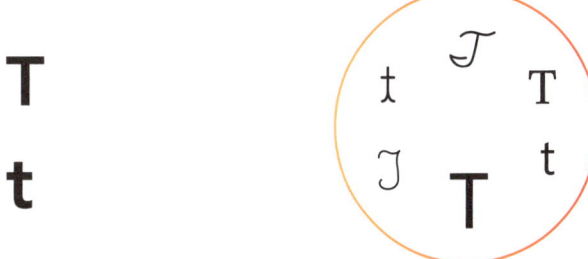

5 VÁ PARA A PÁGINA 32 DO **CADERNO DE ATIVIDADES** E TRACE A LETRA **T**.

ATIVIDADES

1 PEGUEM AS LETRAS QUE FORMAM O NOME **TATIANA** NO ALFABETO MÓVEL DO **ÁPIS DIVERTIDO**.

> TATIANA

COMBINEM AS LETRAS DE MODOS DIFERENTES E DESCUBRAM OUTROS NOMES QUE PODEM SER FORMADOS.

A) COM A AJUDA DA PROFESSORA, REGISTREM OS NOMES.

_____

_____

_____

B) PINTEM OS NOMES QUE TÊM A LETRA **T**.

2 LEIA O NOME DESTE PERSONAGEM DE OUTRAS HISTÓRIAS EM QUADRINHOS.

© Maurício de Sousa/Maurício de Sousa Editora Ltda.

> PITECO

PINTE O NOME DELE A SEGUIR.

| PITOCO | PETECA | PILOTO | TACAPE |
| PITECO | PITICO | PITACO | CAPOTE |

3 ENCONTRE NOMES DE BICHOS NO QUADRO DE PALAVRAS E CIRCULE.
DICA: O NOME DO BICHO DEVE COMEÇAR COM A LETRA **T**.

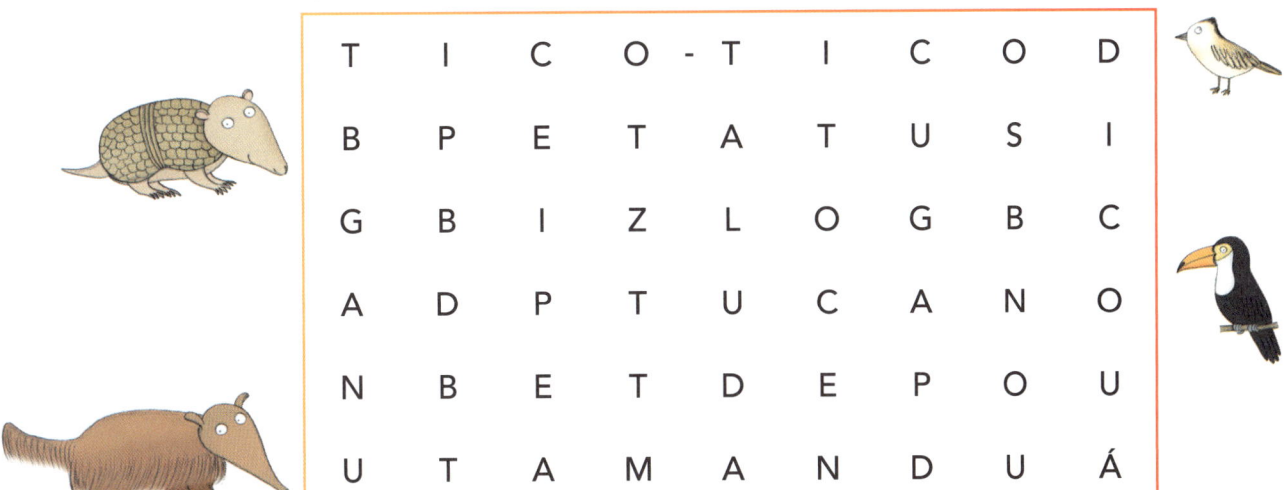

T	I	C	O	-T	I	C	O	D
B	P	E	T	A	T	U	S	I
G	B	I	Z	L	O	G	B	C
A	D	P	T	U	C	A	N	O
N	B	E	T	D	E	P	O	U
U	T	A	M	A	N	D	U	Á

4 COM UM COLEGA, FALE A PALAVRA EM VOZ ALTA.

A) COMPLETE O NOME DA FIGURA COM **D** OU **T**.

TAPE_____E

CA_____EADO

_____OMADA

_____ADO

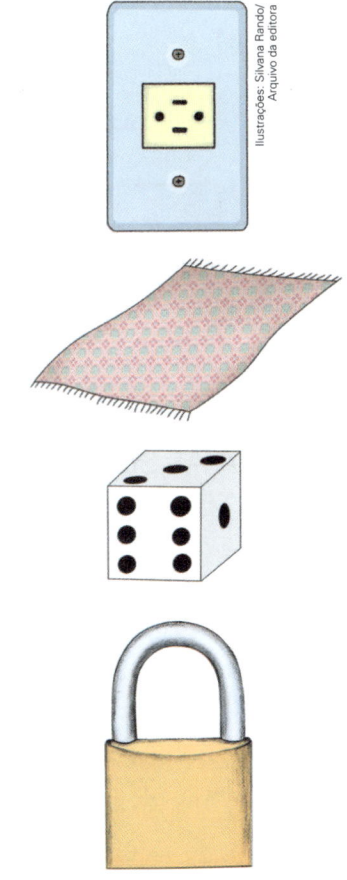

Ilustrações: Silvana Rando/Arquivo da editora

B) LIGUE O NOME À FIGURA CORRESPONDENTE.

ENCONTRE 4 PALAVRAS ESCONDIDAS NO QUADRO E CIRCULE.
DICA: TODAS ELAS TÊM A LETRA T!

DA	PA	BA	TA	TA	O
U	DA	PI	TA	PE	TE
A	TI	TA	A	PI	TO
TO	PI	DA	DE	TO	PI
DE	TU	PA	BA	TU	BO

6 TIRE AS SÍLABAS E ESCREVA AS PALAVRAS FORMADAS.

TABELA SEM TA:	BOTINA SEM BO:
_____	_____

BOATO SEM TO:	DATADO SEM DO:
_____	_____

7 LEIA AS SÍLABAS NOS BALÕES COLORIDOS.

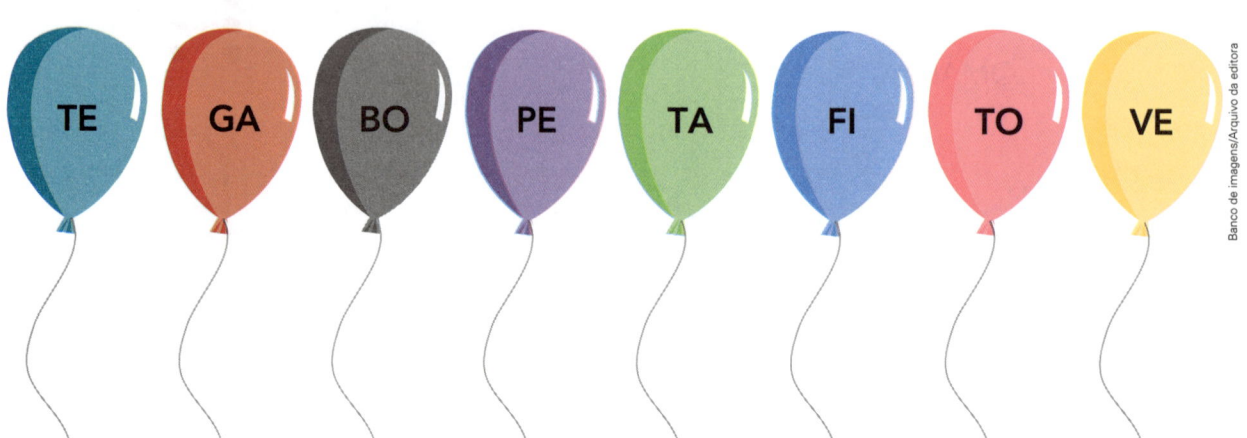

TE GA BO PE TA FI TO VE

Banco de imagens/Arquivo da editora

A) DE ACORDO COM A COR DOS BALÕES, COPIE AS SÍLABAS NOS QUADROS ABAIXO. VOCÊ VAI FORMAR PALAVRAS!

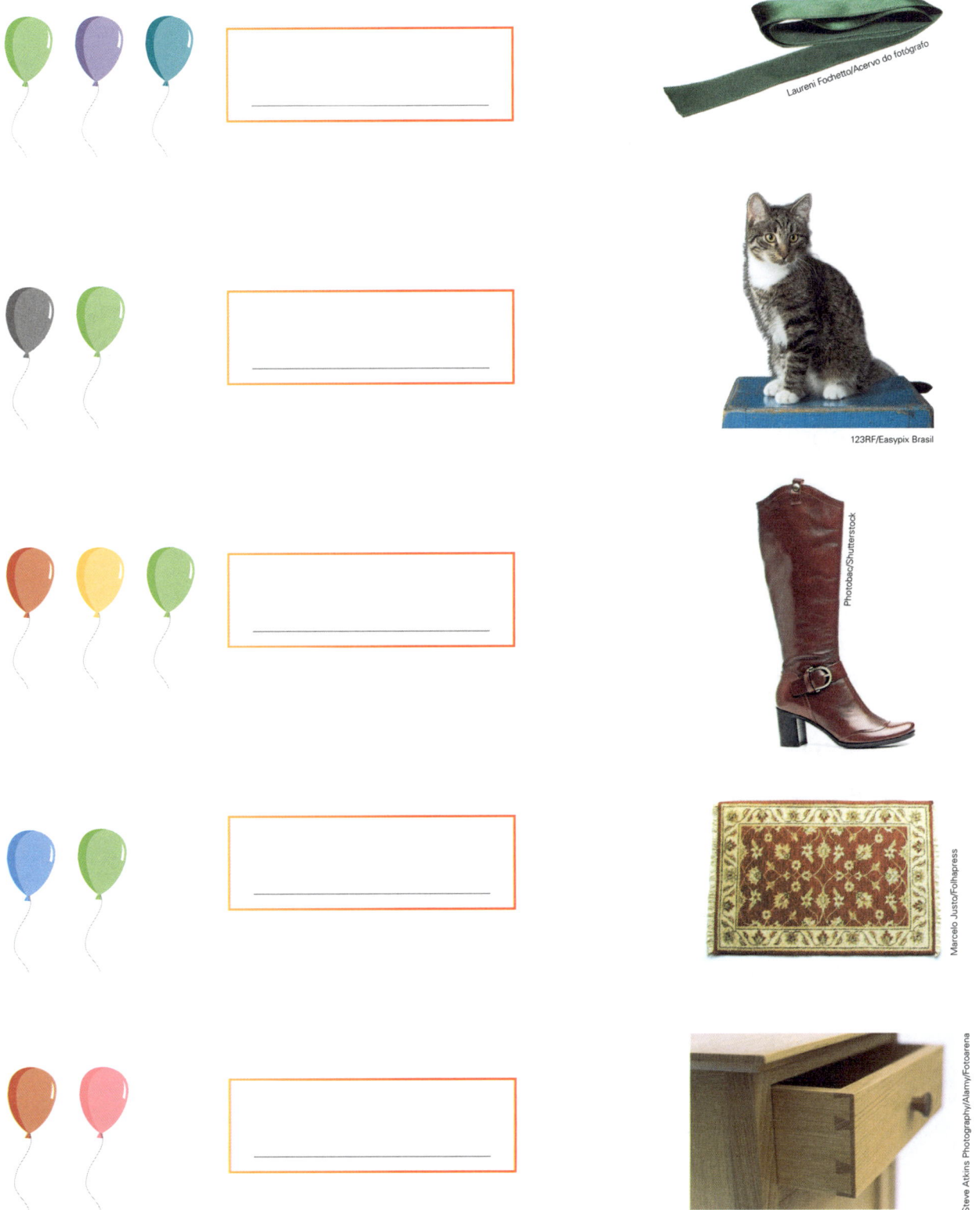

Laureni Fochetto/Acervo do fotógrafo

123RF/Easypix Brasil

Photobac/Shutterstock

Marcelo Justo/Folhapress

Steve Atkins Photography/Alamy/Fotoarena

B) LIGUE CADA PALAVRA QUE DESCOBRIU À FOTO CORRESPONDENTE.

8 **DITADO DE DUPLAS**. A PROFESSORA VAI LER OS PARES DE PALAVRAS. PINTE A PALAVRA QUE DÁ NOME A CADA FIGURA.

DADO

TATO

TATU

TUDO

POTE

PODE

MODO

MOTO

9 **ORDEM ALFABÉTICA.**
PINTE NO ALFABETO A LETRA QUE INICIA OS NOMES:

BEATRIZ

PEDRO

DANILO

TAÍS

| A | B | C | D | E | F | G | H | I | J | K | L | M |
| N | O | P | Q | R | S | T | U | V | W | X | Y | Z |

ESCREVA OS NOMES NA ORDEM ALFABÉTICA.

1. _____

2. _____

3. _____

4. _____

10 CIRCULE AS **SÍLABAS** FORMADAS COM A LETRA **T** NAS PALAVRAS.

batata

tomate

Tereza

TABELA

11 CIRCULE AS SÍLABAS FORMADAS COM A LETRA **D** NAS PALAVRAS.

DOMAR

cocada

dia

padaria

LETRA T

DE ONDE VEIO A LETRA **T**? VEJA COM **TATIANA** E OUÇA O QUE A PROFESSORA VAI CONTAR.

Dnepwvu/Arquivo da editora

PESQUISA

1 PESQUISE EM JORNAIS E REVISTAS 3 PALAVRAS INICIADAS PELA LETRA **D** E 3 PALAVRAS INICIADAS PELA LETRA **T**.

2 AJUDE A PROFESSORA A MONTAR UMA LISTA COM AS PALAVRAS INICIADAS POR **D** E OUTRA COM AS PALAVRAS INICIADAS POR **T**.

MEMÓRIA EM JOGO

1 QUEM FALA MAIS RÁPIDO? LEIA:

TATU TÁ NA TOCA,

TICO-TICO TÁ NO TOCO.

TOCA O TATU DA TOCA.

E TICO-TICO SAI DO TOCO.

TEXTO ESCRITO PELAS AUTORAS.

Silvana Rando/Arquivo da editora

MEMORIZE O TRAVA-LÍNGUA E ESCREVA-O NA PÁGINA 32 DO **CADERNO DE ATIVIDADES**.

2 LEIA A LETRA DA CANTIGA "TIREI DA VIOLA".
SE POSSÍVEL, OUÇA A MÚSICA E CANTE-A COM OS COLEGAS.

TIREI DA VIOLA

EU TIREI UM **DÓ**

DA MINHA VIOLA,

DA MINHA VIOLA

EU TIREI UM **DÓ**,

DORMIR É MUITO BOM, É MUITO BOM

DORMIR É MUITO BOM, É MUITO BOM

É BOM, CAMARADA, É BOM, CAMARADA

É BOM, É BOM, É BOM

É BOM, CAMARADA, É BOM, CAMARADA

É BOM, É BOM, É BOM

[...]

TRADIÇÃO POPULAR.

Silvana Rando/Arquivo da editora

3 PINTE OS VERSOS DE QUE VOCÊ MAIS GOSTOU. ESCREVA-OS COMO
SOUBER NA PÁGINA 31 DO **CADERNO DE ATIVIDADES**.

PARA INICIAR

VOCÊ GOSTA DE DESAFIOS?
FELIPE E **VERA** VÃO DESAFIAR VOCÊ A
MONTAR UM QUEBRA-CABEÇA.

Ilustrações: Dnepwu/Arquivo da editora

RECORTE AS PEÇAS DO QUEBRA-CABEÇA QUE ESTÁ NA PÁGINA 297.

MONTE-O, COLANDO AS PEÇAS NO QUADRO A SEGUIR.

QUE IMAGEM VOCÊ DESCOBRIU?

FELIPE VIAJOU E FOI A UMA FESTA POPULAR.

VOCÊ JÁ FOI A UMA FESTA POPULAR?

NO BRASIL, HÁ MUITAS DESSAS FESTAS.

VEJA A PINTURA QUE **FELIPE** ENCONTROU NA VIAGEM.

Dnepwu/Arquivo da editora

LEITURA: PINTURA

1

Reprodução/Galeria Jacques Ardies, São Paulo, SP.

A GRANDE QUADRILHA, DE LOURDES DE DEUS, 2014.

Silvana Rando/Arquivo da editora

AS BANDEIRINHAS CHAMARAM A ATENÇÃO DE **VERA**.

ELA SE LEMBROU DA PINTURA DE UM ARTISTA CHAMADO ALFREDO VOLPI.

VEJA A PINTURA DE VOLPI QUE **VERA** ENCONTROU EM UM LIVRO DE ARTE.

BANDEIRINHAS, DE ALFREDO VOLPI, CERCA DE 1980.

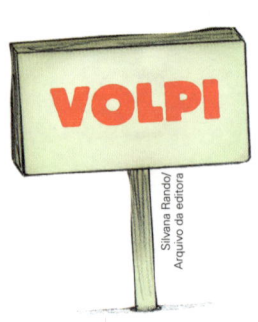

VOLPI

🍊 INTERPRETAÇÃO DO TEXTO

ATIVIDADE ORAL E ESCRITA

1 O QUE APARECE EM COMUM NAS 2 PINTURAS?

_____

_____

2 NA REGIÃO EM QUE VOCÊ MORA, BANDEIRINHAS COSTUMAM ENFEITAR QUE TIPO DE FESTA?

PINTE O ☐ COM A SUA RESPOSTA. VOCÊ PODE INDICAR MAIS DE UMA.

☐ FESTA DE ANIVERSÁRIO

☐ FESTA DE FORMATURA

☐ FESTA JUNINA

☐ FESTA DE CARNAVAL

3 CONVERSE COM OS COLEGAS: QUAIS FORAM AS CORES QUE MAIS CHAMARAM A SUA ATENÇÃO NESSAS PINTURAS?

4 DE QUAL DAS PINTURAS VOCÊ MAIS GOSTOU: **A GRANDE QUADRILHA** OU **BANDEIRINHAS**? EXPLIQUE O PORQUÊ DE SUA ESCOLHA.

5 PINTE O ☐ PARA INDICAR O MOTIVO DE SUA ESCOLHA. VOCÊ PODE INDICAR MAIS DE UM MOTIVO.

☐ AS FORMAS DA PINTURA.

☐ AS CORES DA PINTURA.

☐ AS LEMBRANÇAS QUE ELA TRAZ.

☐ OUTRO MOTIVO.

AÍ VEM... POEMA

ALGUMAS CORES NOS ENCANTAM MAIS, OUTRAS MENOS.
ACOMPANHE A LEITURA DO POEMA "TODAS", QUE FALA DAS CORES.

TODAS

TODAS ESTÃO
NOS PINCÉIS DOS PINTORES,
NAS CARAS PINTADAS
DOS ATORES,
NA SABEDORIA DAS FLORES.

TODAS ESTÃO
MISTURADAS NO SAQUINHO
DE CONFETE,
NUM POTE DE CONFEITOS,
NO BAÚ DE BRINQUEDOS,
NA ALEGORIA DO BUMBA MEU BOI,
NA ROMARIA DO INTERIOR,
NAS FANTASIAS DE CARNAVAL,
NO FUNDO DOS OCEANOS
E SUAS COLÔNIAS DE CORAL.
[...]
AZUIS, VERMELHAS, AMARELAS,
ROXAS, CINZAS, PRATEADAS,
VERDES, LARANJAS, BRANCAS,
DOURADAS,
MARRONS, PRETAS, ROSAS.
E TANTAS SÃO TODAS,
TODAS TÃO BELAS,
QUE FAZEM, DE TEUS OLHOS,
DUAS AQUARELAS.

LALAU E LAURABEATRIZ. **UMA COR, DUAS CORES, TODAS ELAS**.
SÃO PAULO: COMPANHIA DAS LETRINHAS, 1997.

Silvana Rando/Arquivo da editora

PRÁTICA DE ORALIDADE

CONVERSA EM JOGO

O GOSTO DE CADA UM

AS PESSOAS NÃO SÃO IGUAIS. POR ISSO, CADA UM DE NÓS GOSTA DE UMA COISA E AGE DE MANEIRA DIFERENTE.

O QUE FAZER QUANDO ESTAMOS EM UM GRUPO EM QUE CADA UM GOSTA DE UMA COISA DIFERENTE?

CONVERSE COM OS COLEGAS E VEJA O QUE ELES PENSAM.

 # PRODUÇÃO DE TEXTO

PINTURA

ABAIXO HÁ MAIS UMA PINTURA DE LOURDES DE DEUS E OUTRA DE ALFREDO VOLPI. OBSERVE CADA UMA DELAS.

FOLIA DOS REIS, DE LOURDES DE DEUS, SEM DATA.

FACHADA, DE ALFREDO VOLPI, CERCA DE 1950.

PLANEJAMENTO E PRODUÇÃO

1. AGORA É VOCÊ QUEM VAI PRODUZIR UMA PINTURA PARA FAZER UM VARAL DE ARTE. ELA FICARÁ EXPOSTA PARA QUE COLEGAS E VISITANTES APRECIEM SUA CRIAÇÃO.

   EM UMA FOLHA AVULSA, FAÇA UM DESENHO INSPIRADO EM UMA DAS PINTURAS. PARA ISSO:

   - ESCOLHA UMA PINTURA OU COMBINE AS IMAGENS.

   - MUDE AS CORES, AS FORMAS OU O QUE QUISER.

   - FAÇA A PINTURA DO SEU JEITO.

2. DÊ UM TÍTULO PARA SUA OBRA E COLOQUE SEU NOME: VOCÊ É O AUTOR.

3. ORGANIZEM UM VARAL DE ARTE COM AS PINTURAS DE VOCÊS. CONVIDEM PESSOAS DA ESCOLA PARA VER O QUE VOCÊS PRODUZIRAM.

Camila de Godoy/Arquivo da editora

PALAVRAS EM JOGO

LETRA F

1 AS PINTURAS DE QUE **FELIPE** MAIS GOSTOU SÃO ESTAS. OBSERVEM.

| FOLIA DOS REIS | FACHADA |

A) RELEIAM O NOME DAS PINTURAS.

B) COLOQUEM NO PRIMEIRO ☐ O NÚMERO DE **LETRAS** DE CADA PALAVRA.

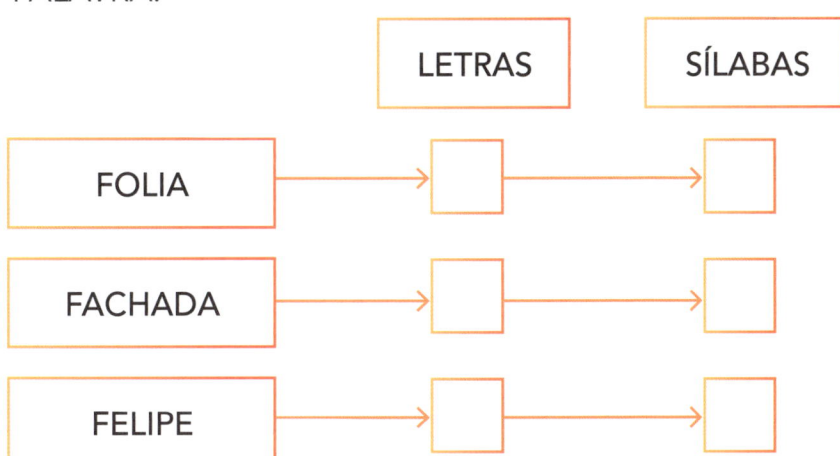

	LETRAS	SÍLABAS
FOLIA	→ ☐	→ ☐
FACHADA	→ ☐	→ ☐
FELIPE	→ ☐	→ ☐

C) COM A PROFESSORA, LEIAM AS PALAVRAS EM VOZ ALTA E DIGAM EM QUANTOS PEDAÇOS OU SÍLABAS CADA UMA DELAS É FALADA.

D) AGORA, COLOQUEM NO SEGUNDO ☐ O NÚMERO DE **SÍLABAS** DE CADA UMA DAS PALAVRAS.

2 LIGUE AS LETRAS USANDO CORES:

- **VERMELHO**: PARA LIGAR AS LETRAS MAIÚSCULAS.

- **AZUL**: PARA LIGAR AS LETRAS MINÚSCULAS.

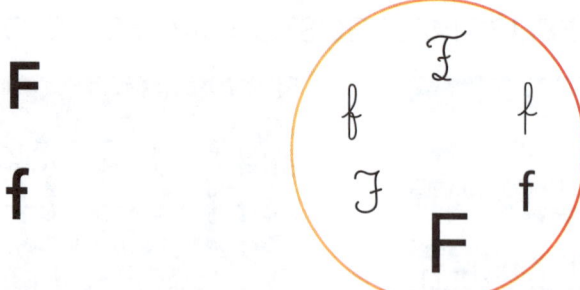

3 NA PÁGINA 33 DO **CADERNO DE ATIVIDADES**, TRACE A LETRA F.

4 CIRCULE A SÍLABA COM A LETRA F NAS PALAVRAS.

Imagens: Reprodução/ Arquivo da editora

ATIVIDADES

1 NO QUADRO, ESTÃO MISTURADOS NOMES DE ALGUNS ANIMAIS. ENCONTRE O NOME DO ANIMAL QUE COMEÇA COM A LETRA F.

P	T	U	B	I	T	A	T	U	V	A	C	A	L	A
K	P	E	L	U	F	O	C	A	U	P	A	T	O	N
E	L	E	F	A	N	T	E	W	B	O	I	E	M	A

PINTE O ANIMAL QUE VOCÊ ENCONTROU.

Ilustrações: Silvana Rando/ Arquivo da editora

2 RECORTE AS PALAVRAS DA PÁGINA 299 E COLE NOS ☐ CORRESPONDENTES.

Joel Silva/Folhapress

scyther5/Shutterstock

Camila de Godoy/Arquivo da editora

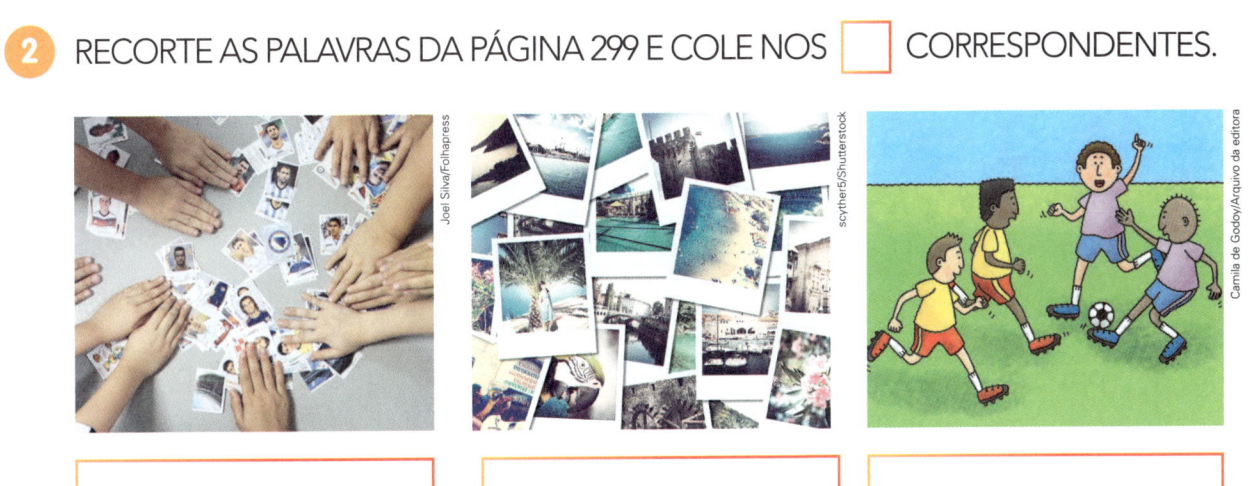

3 **DITADO**. ESCREVA NOS ☐ A LETRA INICIAL DO NOME DE CADA FIGURA E DESCUBRA AS PALAVRAS QUE SE FORMAM.

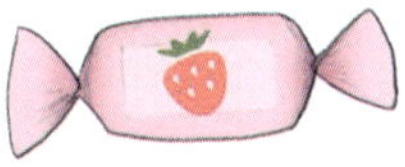

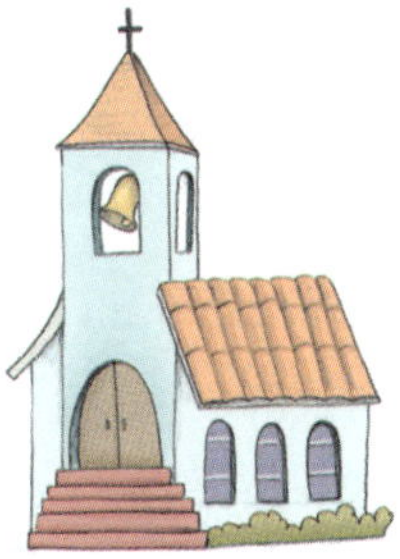

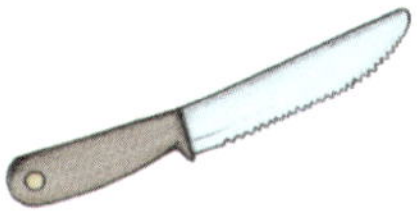

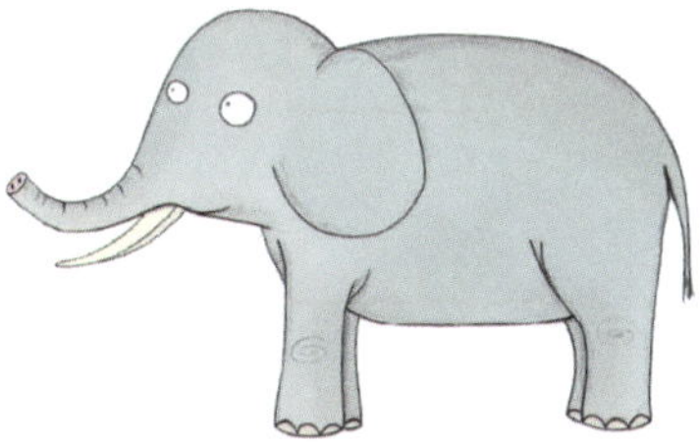

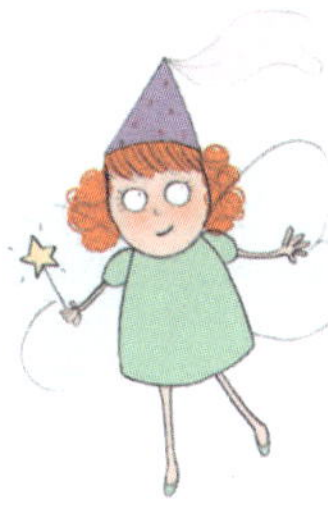

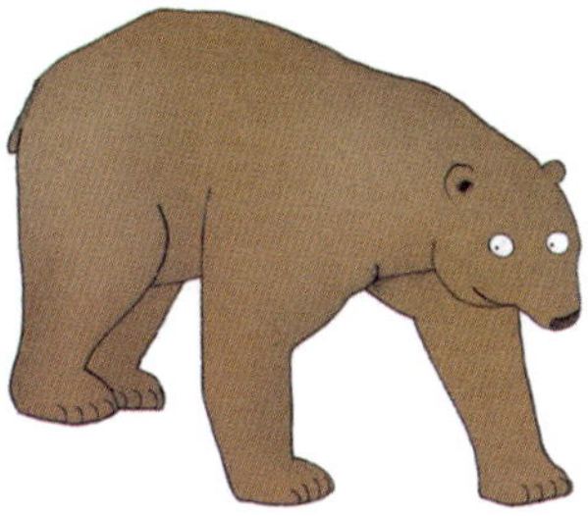

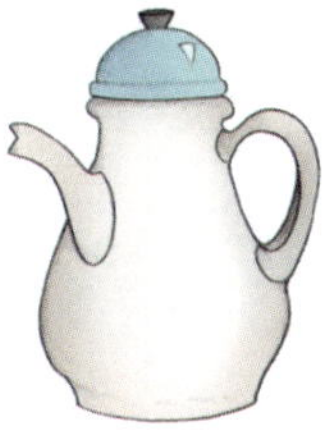

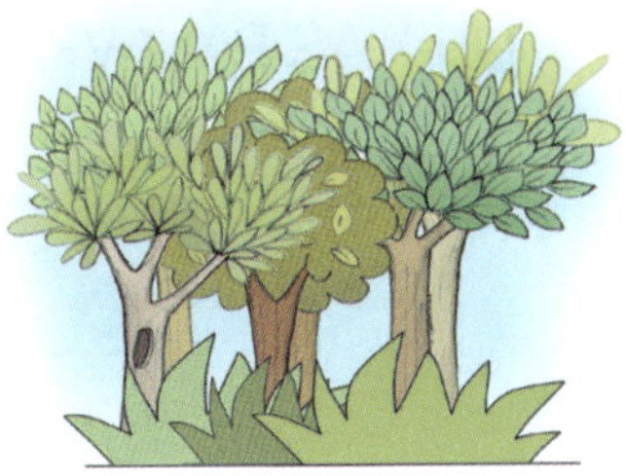

Ilustrações: Silvana Rando/Arquivo da editora

COPIE AS PALAVRAS FORMADAS.

LIGUE AS SÍLABAS E FORME PALAVRAS.

	CA	
FA	DA	
FE	DI	DO
FI	LHO	
	CO	
FO	CA	
	FO	
FU	BÁ	

EM SEGUIDA, ESCREVA AS PALAVRAS QUE VOCÊ FORMOU. DEPOIS, LEIA AS PALAVRAS.

5 LEIA AS PALAVRAS ABAIXO.

FACÃO	FAMÍLIA	FIO
FUBÁ	FOFOCA	FITA

DESCUBRA QUAL DESSAS PALAVRAS CABE NOS ☐ A SEGUIR.

COLOQUE UMA LETRA EM CADA ☐.

NÃO PODEM SOBRAR NEM FALTAR LETRAS.

6 EM DUPLA, LEIAM AS SÍLABAS A SEGUIR.

| FA | DA | FU | O | BO | PI | FO | BA | FE | PA | A |

A) FORMEM PALAVRAS COM ELAS.

B) COPIEM AQUI.

_____

_____

_____

C) TREINEM A LEITURA DAS PALAVRAS QUE FORMARAM. QUANDO A PROFESSORA CHAMAR, LEIAM UMA PALAVRA CADA UM.

7 COMPLETEM AS LINHAS COM SÍLABAS ATÉ CHEGAR À PALAVRA PEDIDA.

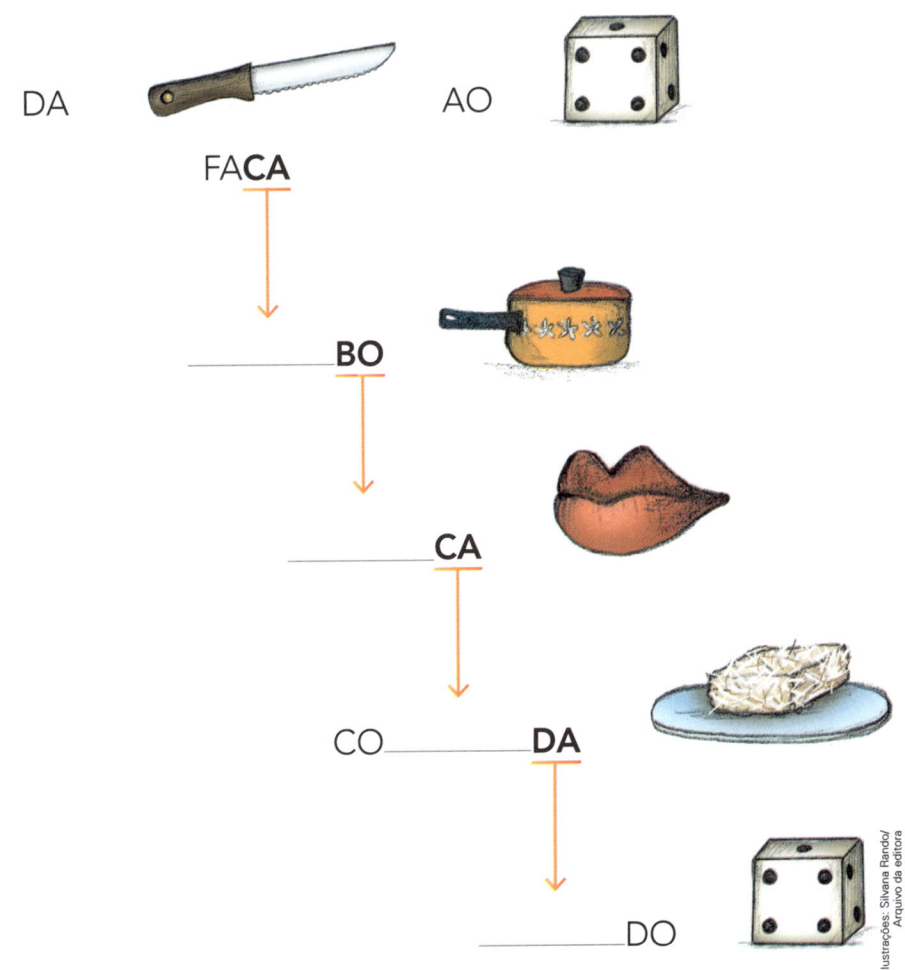

DA   AO

FA**CA**

↓

_____ **BO**

↓

_____ **CA**

↓

CO_____ **DA**

↓

_____ **DO**

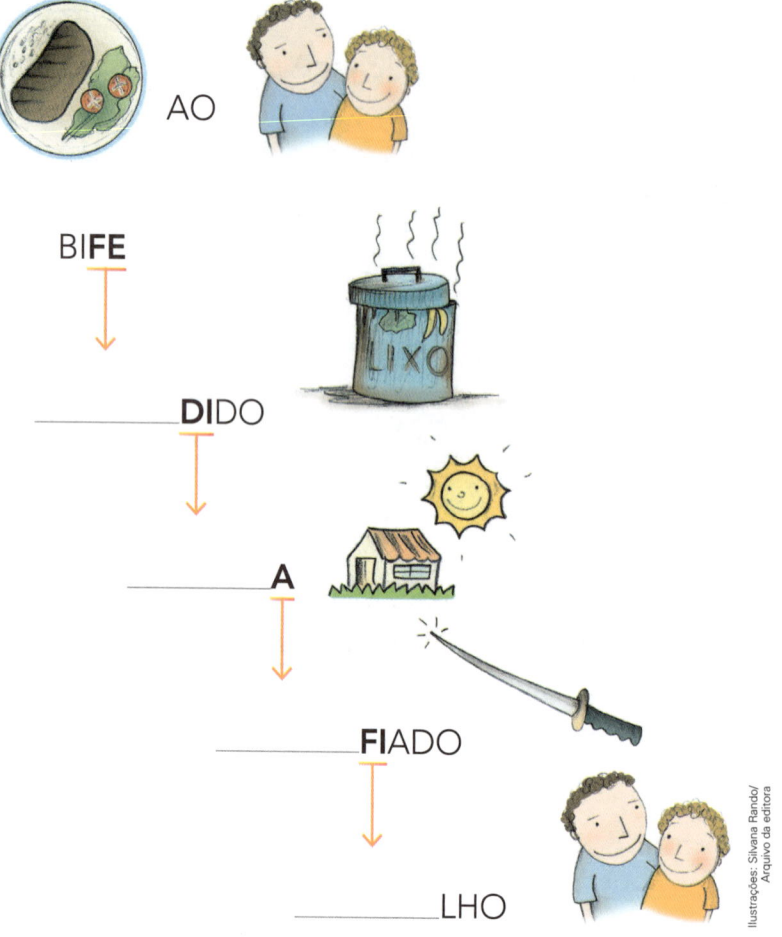

DO ⬤ AO

BI**FE**
↓
____**DI**DO
↓
____**A**
↓
____**FI**ADO
↓
____LHO

Ilustrações: Silvana Rando/ Arquivo da editora

LETRA F

FELIPE TEM UM DESAFIO PARA VOCÊ:

O QUE A FORMA DA LETRA **F** LEMBRA?

VEJA O DESENHO NO QUADRO E OUÇA O QUE A PROFESSORA VAI CONTAR SOBRE A LETRA **F**.

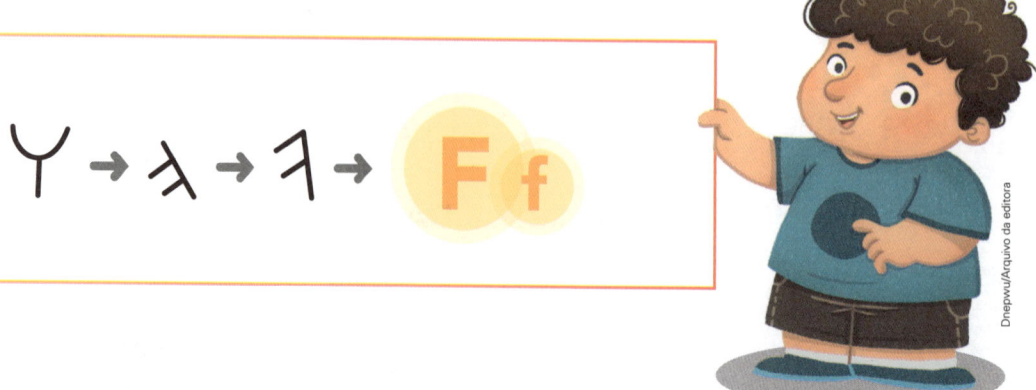

Dnepwu/Arquivo da editora

LETRA V

FELIPE GOSTA DAS PINTURAS **F**OLIA DOS REIS E **F**ACHADA.

VERA VIU SEMELHANÇA ENTRE AS BANDEIRINHAS DAS FESTAS POPULARES E A PINTURA DE **V**OLPI.

1 LEIA OS NOMES.

VOLPI	VERA

PINTE A LETRA QUE INICIA ESSES NOMES.

2 HÁ NOMES DE CORES QUE TAMBÉM COMEÇAM COM ESSA LETRA. LIGUE AS CORES AO NOME DE CADA UMA.

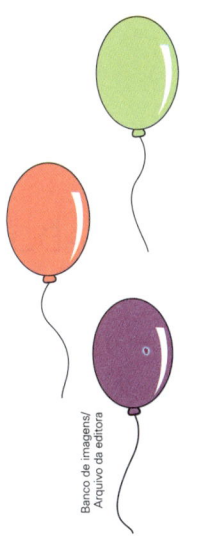

VIOLETA

VERDE

VERMELHO

3 LIGUE AS LETRAS USANDO CORES:

- **VERMELHO:** PARA LIGAR AS LETRAS MAIÚSCULAS.

- **AZUL:** PARA LIGAR AS LETRAS MINÚSCULAS.

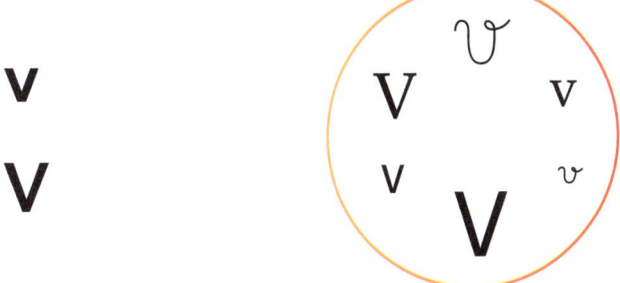

4 NA PÁGINA 34 DO **CADERNO DE ATIVIDADES**, TRACE A LETRA **V**.

5 CIRCULE NAS PALAVRAS A SÍLABA COM A LETRA V.

Imagens: Reprodução/Arquivo da editora

ATIVIDADES

1 ENCONTRE E PINTE NO QUADRO NOMES DE PESSOAS COMEÇADOS COM A LETRA V, ASSIM COMO VOLPI.

A	L	I	N	E	B	K	Y	O	X	V	I	V	I	A	N	E	W	Q	K	Y	M	V
M	V	X	Y	V	Â	N	I	A	D	A	C	I	M	S	H	L	E	P	T	E	N	S
U	H	A	Y	B	E	V	A	H	Ç	X	I	B	O	F	G	T	W	B	E	T	E	I
F	A	B	I	A	N	O	L	O	L	Í	V	I	A	G	H	K	J	V	Í	T	O	R
A	E	F	H	K	L	M	I	J	V	A	N	E	S	S	A	N	X	H	O	L	C	V

A) NO QUADRO A SEGUIR, COPIE OS NOMES ENCONTRADOS.

_____   _____

_____   _____

B) AGORA, LEIA ESSES NOMES EM VOZ ALTA.

2 EM CADA CONJUNTO DE PALAVRAS, HÁ UMA SÍLABA QUE SE REPETE. ENCONTRE ESSAS SÍLABAS E PINTE-AS.

BRAVO	LAVO	VOAR

AVISO	VIDA	DAVI

VACA	CAVALO	EVA

3 OUÇA COM ATENÇÃO AS PALAVRAS QUE A PROFESSORA VAI FALAR. COMPLETE CADA PALAVRA OUVIDA COM A LETRA QUE FALTA: **V** OU **F**.

_____ILA   _____ALE   _____ARINHA   _____OTO

_____ILA   _____ALE   _____ARINHA   _____OTO

4 OS BALÕES DAS SÍLABAS VOARAM E MISTURARAM PALAVRAS.

A) COM A AJUDA DO **SILABÁRIO**, ENCONTRE 7 PALAVRAS QUE POSSAM SER FORMADAS COM ESSAS SÍLABAS.

Ilustrações: Silvana Rando/Arquivo da editora

B) ESCREVA AS PALAVRAS QUE VOCÊ DESCOBRIU NAS LINHAS A SEGUIR.

_____

_____

_____

5 **DITADO DE PALMAS.** A PROFESSORA FALARÁ PALAVRAS EM VOZ ALTA.

- BATAM PALMAS **1 VEZ** PARA PALAVRAS COMEÇADAS COM O SOM DA CONSOANTE V, COMO EM **VERA**.

- BATAM PALMAS **2 VEZES** PARA PALAVRAS COMEÇADAS COM O SOM DA CONSOANTE F, COMO EM **FELIPE**.

LETRA V

VERA PESQUISOU E DESCOBRIU A HISTÓRIA DA LETRA V. OUÇA A PROFESSORA.

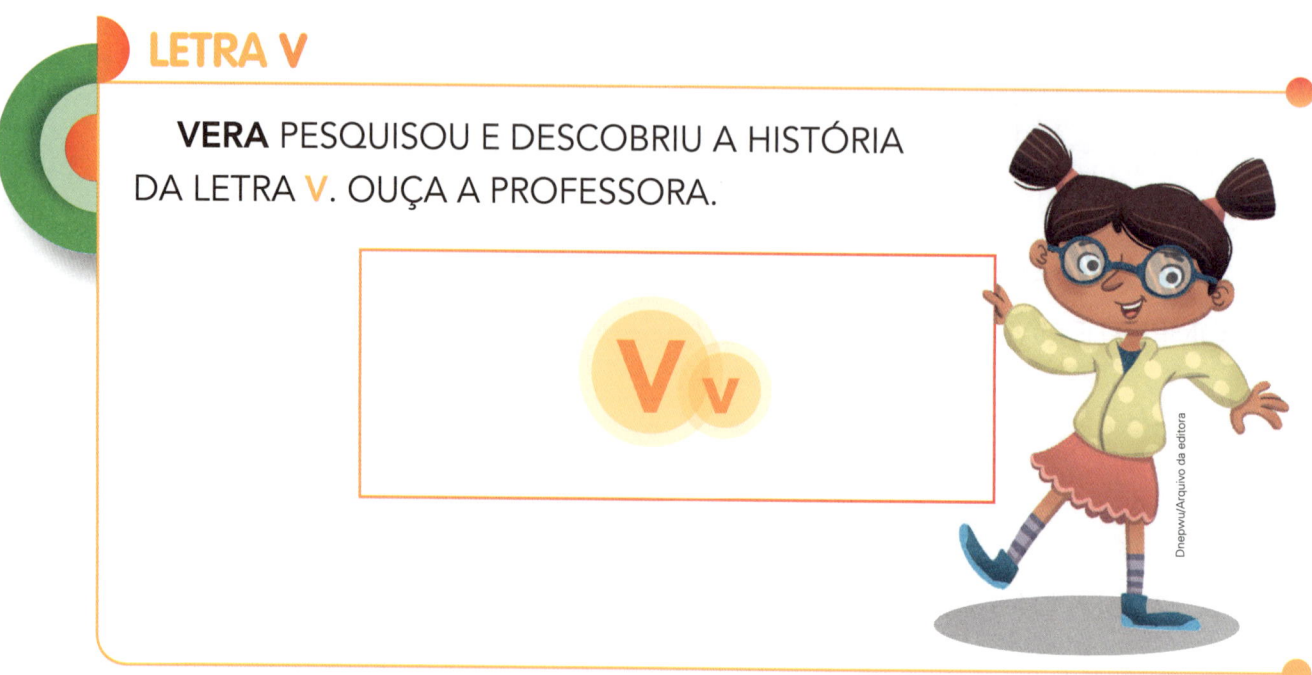

Dnepwu/Arquivo da editora

DESCUBRA A FRASE

AS PALAVRAS ESTÃO FORA DE ORDEM.

NAS LINHAS A SEGUIR, COPIE AS PALAVRAS EM ORDEM PARA DESCOBRIR AS FRASES.

A) | AO | VERA | FOI | FESTIVAL |

_____

B) | VIOLA | FELIPE | TOCOU |

_____

PESQUISA

1 RECORTE DE JORNAIS E REVISTAS 2 PALAVRAS QUE TENHAM A LETRA **F** NO INÍCIO E OUTRAS 2 PALAVRAS COM A LETRA **V** NO INÍCIO.

COLE NO CADERNO.

2 COM A PROFESSORA, MONTEM LISTAS SEPARANDO AS PALAVRAS POR LETRA INICIAL E POR ASSUNTO: ANIMAIS, ALIMENTOS, OBJETOS, NOMES E OUTROS.

MEMÓRIA EM JOGO

1 VAMOS LER E MEMORIZAR.

- VERSOS:

FALE FOFOCA FEIA
COM BOCA CHEIA
DE FAROFA FOFA.

TEXTO ESCRITO PELAS AUTORAS.

- TRAVA-LÍNGUA:

O VOO DA AVE LEVOU
O VÉU DA VELHA AVÓ.

LIBSA. **ADIVINHAS E TRAVA-LÍNGUAS**.
SÃO PAULO: CARAMELO, 2009.

Ilustrações: Silvana Rando/Arquivo da editora

2 ESCREVA OS VERSOS COMO SOUBER NA PÁGINA 33 DO **CADERNO DE ATIVIDADES**.

3 ESCREVA O TRAVA-LÍNGUA COMO SOUBER NA PÁGINA 34 DO **CADERNO DE ATIVIDADES**.

HISTÓRIA EM VERSOS

 PARA INICIAR

CAIO TROUXE UM CARACOL FEITO DE PAPEL.

● VAMOS FAZER UM CARACOL?

1. RECORTE UMA TIRA DE PAPEL.

Dnepwu/Arquivo da editora

2. DÊ UM NÓ NA TIRA E AJUSTE-A.

3. DOBRE AS ABAS PARA TRÁS.

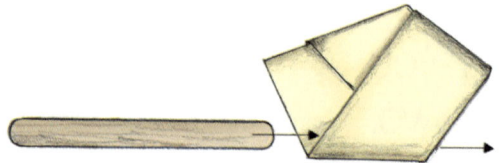

4. ENCAIXE UM PALITO DE SORVETE.

5. DESENHE A CASA E A CARINHA DO CARACOL.

Ilustrações: Silvana Rando/
Arquivo da editora

BRINQUE COM SEU CARACOL. DIVIRTA-SE!
ENSINE IRMÃOS, PRIMOS E AMIGOS A FAZER O CARACOL!

CAIO TROUXE PARA OS AMIGOS UMA HISTÓRIA CHAMADA **O CARACOL**.

ESSA É A HISTÓRIA DE UM CARACOL QUE NÃO ESTAVA MUITO SATISFEITO. POR QUE SERÁ?

LEITURA: HISTÓRIA EM VERSOS

O CARACOL

O CARACOL VIU UMA JOANINHA.
A JOANINHA PASSOU **VOANDO**.
O CARACOL FALOU:
— AH!… EU NÃO POSSO VOAR.

O CARACOL VIU UM GRILO.
O GRILO PASSOU **PULANDO**.
O CARACOL FALOU:
— AH!… EU NÃO POSSO PULAR.

O CARACOL VIU UMA CIGARRA.
A CIGARRA PASSOU **CANTANDO**.
O CARACOL FALOU:
— AH!… EU NÃO POSSO CANTAR.

MAS… VEJAM SÓ! — FALOU O CARACOL.
— EU TENHO CASA PARA MORAR!

MARY FRANÇA E ELIARDO FRANÇA. **O CARACOL**.
SÃO PAULO: ÁTICA, 2008.

Reprodução/Editora Ática

Ilustrações: Silvana Rando/ Arquivo da editora

🍊 INTERPRETAÇÃO DO TEXTO

ATIVIDADE ORAL E ESCRITA

1 O CARACOL VIU 3 BICHOS.

NUMERE-OS DE ACORDO COM A ORDEM EM QUE CADA UM DELES APARECEU NO TEXTO.

 GRILO

 CIGARRA

 JOANINHA

2 CIRCULE O BICHO QUE CANTA NA HISTÓRIA.

128

3 POR QUE O CARACOL NÃO ESTAVA SATISFEITO?

4 RELEIA:

> MAS... VEJAM SÓ! — FALOU O CARACOL.
> — EU TENHO CASA PARA MORAR!

A) PINTE A PALAVRA QUE INDICA UMA MUDANÇA NO QUE O CARACOL ESTAVA SENTINDO.

B) O QUE O CARACOL TINHA QUE OS OUTROS BICHOS NÃO TINHAM? ESCREVA NO ESPAÇO ABAIXO.

_____

5 COMO O CARACOL SE SENTIU NO FINAL DA HISTÓRIA? CONVERSEM E FAÇAM JUNTOS UMA RESPOSTA.

_____

_____

_____

6 COM A PROFESSORA, RESPONDAM: O QUE É DIFERENTE NO JEITO DE CONTAR A HISTÓRIA DO CARACOL?

7 ESSA HISTÓRIA FOI ESCRITA COM A **INTENÇÃO** DE:

☐ INFORMAR.

☐ DAR INSTRUÇÕES.

☐ EMOCIONAR.

☐ DIVERTIR.

8 NA HISTÓRIA, CADA BICHO PODIA FAZER UMA AÇÃO DIFERENTE.

E VOCÊ? O QUE GOSTARIA DE FAZER? REGISTRE ABAIXO.

_____

_____

PRÁTICA DE ORALIDADE

CONVERSA EM JOGO

O JEITO DE CADA UM

 OUÇAM NOVAMENTE A LEITURA DOS VERSOS DO FINAL DA HISTÓRIA.

> MAS… VEJAM SÓ! — FALOU O CARACOL.
> — EU TENHO CASA PARA MORAR!

O **ASSUNTO** DESSA HISTÓRIA É UM CARACOL QUE NÃO ESTAVA SATISFEITO COM SUA VIDA, MAS QUE DEPOIS PERCEBEU QUE TINHA ALGO QUE OS OUTROS ANIMAIS NÃO TINHAM.

CADA UM TEM UM JEITO DE SER QUE NOS FAZ DIFERENTES UNS DOS OUTROS. VAMOS CONVERSAR SOBRE O JEITO DE SER DE CADA UM E NOS CONHECER MELHOR?

AÍ VEM… HISTÓRIA EM VERSOS

1 VAMOS CONHECER OUTRA HISTÓRIA EM VERSOS. É A HISTÓRIA DE UM GATO QUE MORA NA CHINA, UM PAÍS BEM DISTANTE DO BRASIL. COMO SERÁ ESSE GATO?
ACOMPANHE A HISTÓRIA QUE SUA PROFESSORA VAI LER.

GATO DA CHINA

ERA UMA VEZ
UM GATO CHINÊS

QUE MORAVA EM XANGAI
SEM MÃE E SEM PAI,

Camila de Godoy/Arquivo da editora

QUE SORRIA AMARELO
PARA O RIO AMARELO

COM SEUS OLHOS PUXADOS
UM PRA CADA LADO

ERA UM GATO MAIS PRETO
QUE TINTA NANQUIM,

DE BIGODES COMPRIDOS
FEITO UM MANDARIM

QUE QUANDO ESPIRRAVA
SÓ FAZIA "CHIN!"

ERA UM GATO ESQUISITO:
COMIA COM PALITOS

E QUANDO TINHA FOME
MIAVA "MING-AU!"

MAS LAMBIA O MINGAU
COM SUA LÍNGUA DE PAU.

NÃO ERA UM BICHO MAU
ESSE GATO CHINÊS,

ERA ATÉ LEGAL.
QUER QUE EU CONTE OUTRA VEZ?

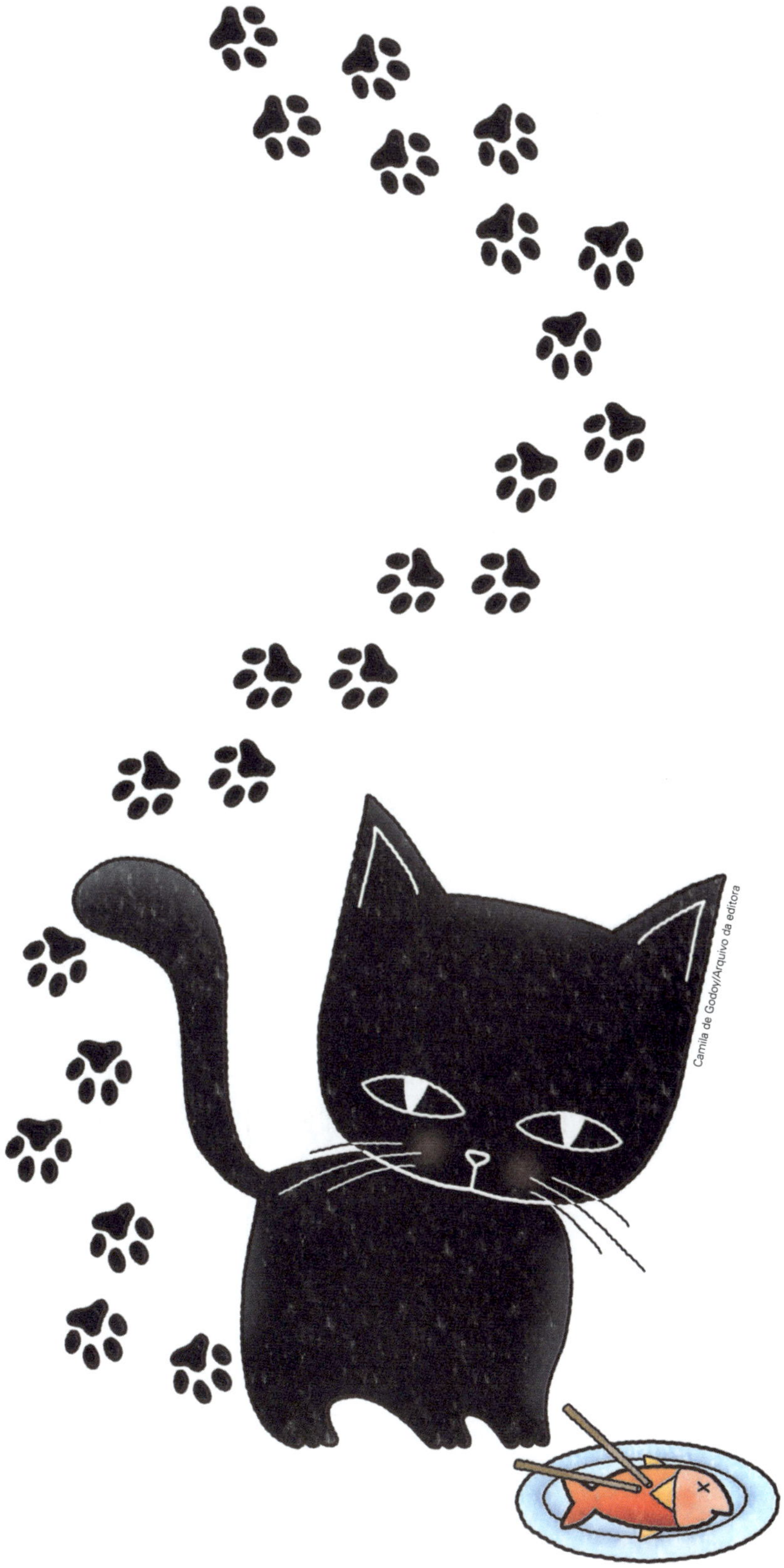
Camila de Godoy/Arquivo da editora

JOSÉ PAULO PAES. **VARAL DE POESIA**. SÃO PAULO: ÁTICA, 2003. P. 28-29.

2 VOCÊS GOSTARAM DA HISTÓRIA EM VERSOS "GATO DA CHINA"? POR QUÊ? CONVERSEM SOBRE O QUE ACHARAM.

 # PRODUÇÃO DE TEXTO

AMPLIAÇÃO DE HISTÓRIA EM VERSOS

PLANEJAMENTO

 IMAGINEM QUE EM SEU CAMINHO O CARACOL TENHA ENCONTRADO OUTROS ANIMAIS.

Ilustrações: Silvana Rando/ Arquivo da editora

| PEIXE | CÃO | COELHO |

O QUE SERÁ QUE ELE PODE TER DESEJADO AO ENCONTRAR ESSES BICHINHOS?

ESCRITA

PARA AUMENTAR A HISTÓRIA DO CARACOL, VAMOS ACRESCENTAR NOVOS ANIMAIS AO TEXTO, PRODUZINDO VERSOS.
A PROFESSORA VAI REGISTRAR OS VERSOS NA LOUSA PARA QUE TODOS COPIEM E TENHAM A HISTÓRIA.

O CARACOL VIU

O CARACOL FALOU:

— AH!...

O CARACOL VIU

O CARACOL FALOU:

— AH!...

O CARACOL VIU

O CARACOL FALOU:

— AH!...

REVISÃO

1. RELEIAM O QUE FOI REGISTRADO E FAÇAM AS MUDANÇAS QUE ACHAREM NECESSÁRIAS PARA MELHORAR A HISTÓRIA.

2. LEIAM JUNTOS A HISTÓRIA QUE PRODUZIRAM E DIVIRTAM-SE COM O RESULTADO. DEPOIS, CONTEM A HISTÓRIA PARA OUTRAS PESSOAS.

 # PALAVRAS EM JOGO

LETRA C

1 VEJA AS FIGURAS E LEIA OS NOMES.

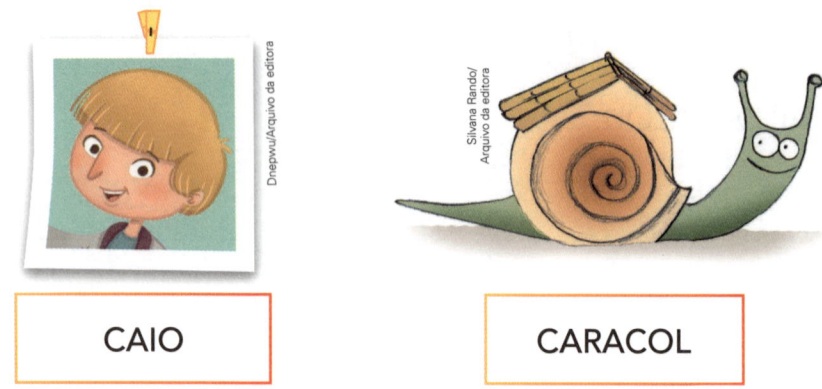

Dnepwu/Arquivo da editora

Silvana Rando/
Arquivo da editora

| CAIO | CARACOL |

A) PINTE O NOME DO BICHO NO QUADRO TODA VEZ QUE O ENCONTRAR.

CUCO	CAIO	JOANINHA	CARACOL
CARACOL	CIGARRA	ESCOLA	JOANINHA
GRILO	CARACOL	CASA	GRILO

B) CIRCULE, NO QUADRO ANTERIOR, A PALAVRA QUE INDICA O QUE SÓ O CARACOL TEM.

C) ENCONTRE O NOME DO MENINO NO QUADRO E ESCREVA AQUI.

2 COMPLETE A ORDEM ALFABÉTICA E FALE EM VOZ ALTA O NOME DAS LETRAS.

A _____ _____ D _____ _____ G H I

J K L M N O P Q R S T U V W X Y Z

3 LIGUE AS LETRAS USANDO CORES:

- **VERMELHO**: PARA LIGAR AS LETRAS MAIÚSCULAS.

- **AZUL**: PARA LIGAR AS LETRAS MINÚSCULAS.

C

c

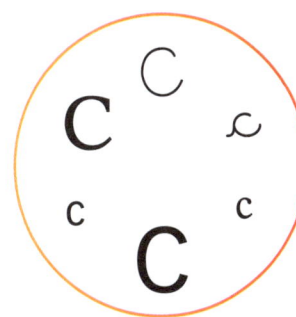

4 VÁ PARA A PÁGINA 35 DO **CADERNO DE ATIVIDADES** E TRACE A LETRA C.

ATIVIDADES

1 LIGUE O NOME À FIGURA.

CÃO	CARACOL	COBRA	CUTIA

Ilustrações: Silvana Rando/
Arquivo da editora

2 **ESCRITA DE PALAVRAS**. OBSERVEM AS LETRAS QUE ESTÃO NO **CARACOL**.
EM DUPLA, FORMEM O MAIOR NÚMERO DE PALAVRAS QUE CONSEGUIREM COM ESSAS LETRAS E ESCREVAM A SEGUIR.

_____   _____

_____   _____

_____   _____

3 **CRUZADINHA.** ESCREVA CADA LETRA EM UM ☐.

C
A
R
A
C
O
L

4 OBSERVE A FIGURA E LEIA A PALAVRA.

PETECA

ESCREVA UMA PALAVRA QUE RIME COM **PETECA**.

FRASES

1 SE LERMOS ESTAS PALAVRAS MISTURADAS, É POSSÍVEL ENTENDER O SENTIDO? CONVERSE COM UM COLEGA.

2 PARA TER SENTIDO, PRECISAMOS ORGANIZAR ESSAS PALAVRAS E FORMAR **FRASES**. RECORTEM AS PALAVRAS DA PÁGINA 299.

- COM A AJUDA DA PROFESSORA, COLOQUEM AS PALAVRAS EM ORDEM PARA DAR SENTIDO E FORMAR 2 FRASES. A PROFESSORA VAI ESCREVER NA LOUSA.

- LEIAM AS FRASES FORMADAS E COLEM ABAIXO AS PALAVRAS NA ORDEM CORRETA.

A) ☐ ☐ ☐ ☐ ☐

B) ☐ ☐ ☐ ☐ ☐

3 ESCOLHA A FRASE OU O VERSO DE QUE VOCÊ MAIS GOSTOU NA HISTÓRIA EM VERSOS **O CARACOL** E COPIE NAS LINHAS A SEGUIR.

_____

_____

_____

_____

MESMA LETRA, OUTRO SOM: CE/CI

ATIVIDADE ORAL E ESCRITA

 1 FALEM EM VOZ ALTA O NOME DAS FIGURAS.

A) PINTE DE **AZUL** OS NOMES QUE COMEÇAM COM A LETRA **C** COM O MESMO SOM DE **CASA**.

B) PINTE DE **VERDE** OS NOMES QUE COMEÇAM COM A LETRA **C** COM O MESMO SOM DE **CIGARRA**.

Ilustrações: Camila de Godoy/Arquivo da editora

| CARACOL | CIDADE | CEBOLA | CUTIA | COBRA |

2 COPIE NOS ☐ A PRIMEIRA SÍLABA DE CADA UMA DAS PALAVRAS.

| CARACOL | CIDADE | CEBOLA | CUTIA | COBRA |

☐ ☐ ☐ ☐ ☐

3 O QUE SE PODE OBSERVAR EM RELAÇÃO AO SOM DA LETRA **C** NAS PALAVRAS? CONVERSE COM OS COLEGAS. JUNTOS, ELABOREM UMA RESPOSTA PARA A PROFESSORA REGISTRAR.

4 **DITADO DE PALMAS**: SIGA AS ORIENTAÇÕES DA PROFESSORA.

LETRA C

POR QUE A LETRA C É ESCRITA ASSIM? OUÇA A PROFESSORA PARA DESCOBRIR.

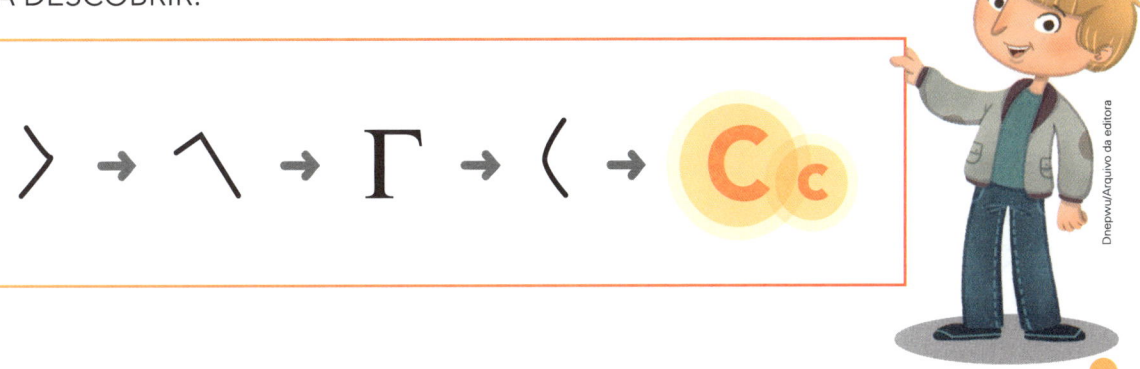

Dnepwu/Arquivo da editora

PESQUISA

RECORTE DE JORNAIS E REVISTAS 5 PALAVRAS QUE TENHAM A LETRA C NO INÍCIO DA PALAVRA E COLE-AS NO CADERNO.

COM A PROFESSORA, ORGANIZEM 2 LISTAS, SEPARANDO AS PALAVRAS PELO SOM DA LETRA C.

MEMÓRIA EM JOGO

LEIAM COM A PROFESSORA UMA QUADRINHA SOBRE UM AMIGÃO E MEMORIZEM PARA DECLAMAR PARA OUTRAS PESSOAS.

[...]

COM **C** SE ESCREVE CACHORRO,
CONFIDENTE DAS CRIANÇAS
E QUE SABE SEUS AMORES,
SUAS QUEIXAS E ESPERANÇAS...

MÁRIO QUINTANA.
O BATALHÃO DAS LETRAS.
SÃO PAULO: GLOBO, 1992. P. 6.

Camila de Godoy/Arquivo da editora

NA PÁGINA 35 DO **CADERNO DE ATIVIDADES**, ESCREVA A QUADRINHA COMO SOUBER.

8 CANTIGA POPULAR

PARA INICIAR

GABI TROUXE PARA OS AMIGOS UM **DESAFIO**.

ELA MOSTROU ESTA PINTURA, QUE SE CHAMA **PARQUE DAS CRIANÇAS**. NELA HÁ VÁRIOS BRINQUEDOS E BRINCADEIRAS.

DIGA RÁPIDO: QUAIS BRINQUEDOS E BRINCADEIRAS VOCÊ CONSEGUE ENCONTRAR NESTA PINTURA?

PARQUE DAS CRIANÇAS, DE HELENA COELHO, 2009.

GABI CONHECE VÁRIAS CANTIGAS PARA BRINCAR.

A CANTIGA QUE VOCÊ VAI LER TEM COMO **ASSUNTO** AS ATIVIDADES DE ALGUMAS PROFISSÕES. QUAIS SERÃO?

LEIA COM A AJUDA DA PROFESSORA.

LEITURA: CANTIGA POPULAR

PASSA, PASSA, GAVIÃO

(**ESTRIBILHO**)
PASSA, PASSA, GAVIÃO,
TODO MUNDO PASSA.

OS CAVALEIROS FAZEM ASSIM,
OS CAVALEIROS FAZEM ASSIM,
ASSIM, ASSIM,
ASSIM, ASSIM.

OS CARPINTEIROS FAZEM ASSIM,
OS CARPINTEIROS FAZEM ASSIM,
ASSIM, ASSIM,
ASSIM, ASSIM.

OS SAPATEIROS FAZEM ASSIM,
OS SAPATEIROS FAZEM ASSIM,
ASSIM, ASSIM,
ASSIM, ASSIM.

TRADIÇÃO POPULAR.

INTERPRETAÇÃO DO TEXTO

1 PINTE O NOME DO BICHO DA CANTIGA.

GALÃO	AVIÃO	GAVIÃO

2 QUAL É O ASSUNTO DA CANTIGA? ESCREVAM JUNTOS A RESPOSTA.

_____

_____

_____

_____

3 FAÇA UM **X** NO ☐ DE CADA IMAGEM CONSIDERANDO APENAS AS PROFISSÕES QUE APARECEM NA CANTIGA.

4 NUMERE AS PROFISSÕES NA ORDEM EM QUE APARECERAM NA LETRA DA CANTIGA.

☐ SAPATEIRO   ☐ CAVALEIRO   ☐ CARPINTEIRO

5 COMPLETE: O CONTRÁRIO DE **PASSA**, **PASSA** É _____.

6 DESENHE UMA ATIVIDADE OU UM OBJETO DE UMA PROFISSÃO QUE VOCÊ ADMIRA.

UNIDADE 8

🍊 PRÁTICA DE ORALIDADE

CONVERSA EM JOGO

CANTIGAS

VOCÊ GOSTA DE CANTIGAS? QUE OUTRA CANTIGA VOCÊ CONHECE? SE QUISER, APRESENTE SUA CANTIGA PARA A TURMA E OUÇA AS DOS COLEGAS.

AÍ VEM... CANTIGA

1 PREPARE-SE PARA OUVIR E CANTAR A CANTIGA "MEU GALINHO".

MEU GALINHO

FAZ TRÊS NOITES QUE EU NÃO DURMO, Ô LALÁ

POIS PERDI O MEU GALINHO, Ô LALÁ

COITADINHO, Ô LALÁ!

POBREZINHO, Ô LALÁ!

EU O PERDI LÁ NO JARDIM.

ELE É BRANCO E AMARELO, Ô LALÁ

TEM A CRISTA BEM VERMELHA, Ô LALÁ

BATE AS ASAS, Ô LALÁ!

quiri-qui-quiiiii

ABRE O BICO, Ô LALÁ!

ELE FAZ QUIRI-QUI-QUI.

JÁ RODEI O MATO GROSSO, Ô LALÁ

AMAZONAS E PARÁ, Ô LALÁ

ENCONTREI, Ô LALÁ!

MEU GALINHO, Ô LALÁ!

NO SERTÃO DO CEARÁ!

TRADIÇÃO POPULAR.

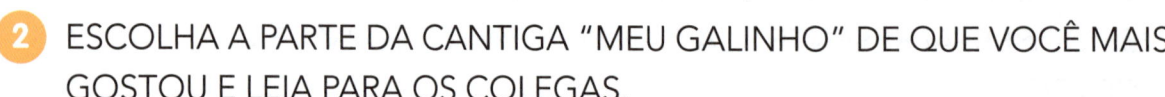

Silvana Rando/Arquivo da editora

2 ESCOLHA A PARTE DA CANTIGA "MEU GALINHO" DE QUE VOCÊ MAIS GOSTOU E LEIA PARA OS COLEGAS.

PRODUÇÃO DE TEXTO

CANTIGA

VAMOS AMPLIAR A CANTIGA COMPLETANDO OS VERSOS.

PLANEJAMENTO

1. PENSEM NOS NOMES DE OUTRAS PROFISSÕES PARA COMPLETAR OS VERSOS.

2. IMAGINEM COMO SÃO OS GESTOS, OS MOVIMENTOS E O RITMO DAS PROFISSÕES ESCOLHIDAS.

ESCRITA

VOCÊS VÃO SUGERIR OS NOMES DE PROFISSÕES PARA A PROFESSORA ESCREVER NA LOUSA.

REVISÃO

1. RELEIAM JUNTOS O TEXTO PARA VERIFICAR SE FICOU BOM.

2. MUDEM ALGUMA PALAVRA, SE FOR NECESSÁRIO.

3. DEPOIS DE PRONTO, COPIEM O TEXTO NO ESPAÇO A SEGUIR.

PASSA, PASSA, GAVIÃO,

TODO MUNDO PASSA.

OS _____ FAZEM ASSIM,

OS _____ FAZEM ASSIM,

ASSIM, ASSIM,

ASSIM, ASSIM.

PASSA, PASSA, GAVIÃO,

TODO MUNDO PASSA.

OS _____ FAZEM ASSIM,

OS _____ FAZEM ASSIM,

ASSIM, ASSIM,

ASSIM, ASSIM.

PASSA, PASSA, GAVIÃO,

TODO MUNDO PASSA.

OS _____FAZEM ASSIM,

OS _____ FAZEM ASSIM,

ASSIM, ASSIM,

ASSIM, ASSIM.

APRESENTAÇÃO

1. TREINEM A LEITURA, OS GESTOS E OS MOVIMENTOS PARA CANTAR COM BASTANTE RITMO. AGUARDEM AS INSTRUÇÕES DA PROFESSORA.

2. APRESENTEM A NOVA CANTIGA PARA SEUS AMIGOS E FAMILIARES E, DEPOIS, CANTEM COM ELES.

Silvana Rando/Arquivo da editora

PALAVRAS EM JOGO

LETRA G

1 RELEIA AS PALAVRAS:

Dnepwu/Arquivo da editora

Camila de Godoy/Arquivo da editora

| GABI | GAVIÃO |

A) ENCONTRE ESSAS 2 PALAVRAS NO QUADRO E CIRCULE-AS.

B	N	G	A	V	I	Ã	O
G	A	L	Ã	O	R	S	X
G	A	B	I	F	Ô	B	T
C	D	L	A	V	I	C	O

B) NO QUADRO HÁ OUTRA PALAVRA ESCONDIDA: **GALÃO**.
ENCONTRE ESSA PALAVRA E PINTE-A.

2 ENCONTRE A LETRA **C** E A LETRA **G** NO ALFABETO E CIRCULE-AS.
DEPOIS, RECITE O ALFABETO E BATA PALMAS QUANDO FALAR O NOME
DA LETRA **C** E DA LETRA **G**.

A	B	C	D	E	F	G	H	I	J	K	L	M
N	O	P	Q	R	S	T	U	V	W	X	Y	Z

3 LIGUE AS LETRAS USANDO CORES:

- **VERMELHO**: PARA LIGAR AS LETRAS MAIÚSCULAS.
- **AZUL**: PARA LIGAR AS LETRAS MINÚSCULAS.

G

g

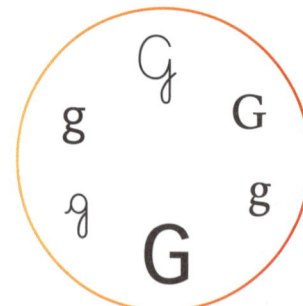

4 TRACE A LETRA **G** NA PÁGINA 36 DO **CADERNO DE ATIVIDADES**.

5 CIRCULE A SÍLABA EM QUE A LETRA **G** APARECE NAS PALAVRAS.

GATO

gola

manga

JOGO

6 MUDE A LETRA E FORME NOVAS PALAVRAS.

GALO

GA____O   GA____O

LEIA AS PALAVRAS FORMADAS EM VOZ ALTA.

ATIVIDADES

ATIVIDADE ORAL E ESCRITA

1 COMO VOCÊ PODE TRANSFORMAR **GAVIÃO** EM **AVIÃO**?

A) CONVERSE COM OS COLEGAS.

B) ESCREVA A RESPOSTA.

_____

_____

2 EPA! O QUE ACONTECEU? ALGUÉM TROCOU AS LETRAS.

A) LEIA AS PALAVRAS E OBSERVE AS FIGURAS.

B) CIRCULE A LETRA QUE FOI TROCADA E ESCREVA NO QUADRO A PALAVRA CORRETA.

GOLINHA

FOGO

GOTO

VECA

3 QUE BICHO É? COMPLETE COM AS SÍLABAS QUE FALTAM.

Ilustrações: Silvana Rando/Arquivo da editora

_____ _____NHOTO

_____VIÃO

_____RI_____

4 **DITADO DE PALMAS.** OUÇA AS PALAVRAS QUE A PROFESSORA VAI LER.

A) BATA PALMAS **1 VEZ** PARA AS PALAVRAS QUE TÊM A LETRA **G** COM O MESMO SOM DE **G**ALINHA E **G**OLEIRO.

B) PINTE AS PALAVRAS PARA AS QUAIS VOCÊ BATEU PALMAS.

FICO	FOGO	GOLE	CACO	TOGA
FIGO	FOCO	COLE	GAGO	TOCA

5 **BINGO.** ESCOLHA 4 PALAVRAS.

GOIABA	BOI	COCO	PÉ	CABO
VACA	BOCA	GATO	FOGO	FIGO

A) COPIE CADA UMA DAS 4 PALAVRAS EM UM ESPAÇO EM BRANCO DA CARTELA A SEGUIR.

B) OUÇA AS PALAVRAS SORTEADAS PELA PROFESSORA.

C) SE VOCÊ TIVER A PALAVRA SORTEADA, CIRCULE-A.

D) VENCE QUEM CIRCULAR PRIMEIRO AS 4 PALAVRAS DA CARTELA.

6 PEGUEM ESTAS SÍLABAS DO SILABÁRIO QUE ESTÁ NAS PÁGINAS 21 E 23 DO **ÁPIS DIVERTIDO.** DEPOIS, OUÇAM AS INSTRUÇÕES DA PROFESSORA.

GA	PA	GO	TO
GÃO	ÃO	VI	VA	FO

LETRA G

GABI TROUXE UMA INFORMAÇÃO SOBRE A LETRA G.
OUÇA O QUE A PROFESSORA VAI DIZER SOBRE A ESCRITA DA LETRA G.

Dnepvu/Arquivo da editora

FRASES

1 EM DUPLA, ORGANIZEM AS PALAVRAS.

A) RECORTEM AS PALAVRAS DA PÁGINA 299 DESTE LIVRO.

B) COMPLETEM OS QUADROS COM AS PALAVRAS PARA FORMAR UMA FRASE.

C) LEIAM A FRASE E, SE ESTIVER CORRETA, COLEM AS PALAVRAS.

			OVOS.

2 COPIE A FRASE QUE FOI FORMADA.

 # PESQUISA

RECORTE DE JORNAIS E REVISTAS 5 PALAVRAS COM A LETRA **G** E COLE-AS NO CADERNO.

 # MEMÓRIA EM JOGO

É HORA DE LER E MEMORIZAR.

A GALINHA PINTADINHA
E O GALO CARIJÓ
A GALINHA VESTE SAIA
E O GALO PALETÓ

JACQUELINE HEYLEN.
PARLENDA, RIQUEZA FOLCLÓRICA.
SÃO PAULO: HUCITEC, 1991.

REGISTRE OS VERSOS DA PARLENDA COMO SOUBER NA PÁGINA 36 DO **CADERNO DE ATIVIDADES**.

MESMA LETRA, OUTRO SOM: GE/GI

ATIVIDADE ORAL E ESCRITA

1 FALE EM VOZ ALTA AS PALAVRAS A SEGUIR.

GALINHA

GOLA

GEMA

GURI

GIRAFA

Ilustrações: Camila de Godoy/ Arquivo da editora

A) CIRCULE A PRIMEIRA SÍLABA DE CADA UMA DAS PALAVRAS ACIMA.

B) RESPONDA: A LETRA **G** INDICA SEMPRE O MESMO SOM?

2 DITADO COLORIDO.

SIGA AS INSTRUÇÕES DA PROFESSORA.

GALO	GOLEIRO	GABI	GAMA	GULA
GELO	GELEIRA	GIBI	GEMA	GELA

UNIDADE

9 POEMA

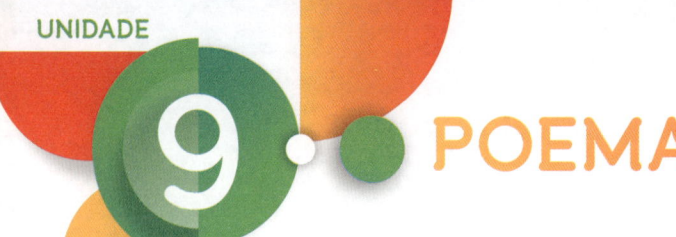

PARA INICIAR

JOÃO CONVIDOU VOCÊ PARA UM JOGO: CHEGAR AO BAÚ DE BRINQUEDOS SEGUINDO A **TRILHA DO JACARÉ**.

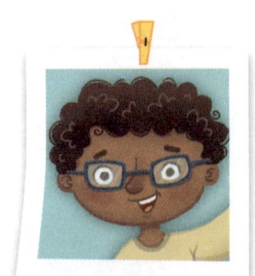

Dnepwu/Arquivo da editora

- DESTAQUE O DADO DA PÁGINA 7 DO **ÁPIS DIVERTIDO** E OUÇA AS INSTRUÇÕES DA PROFESSORA.

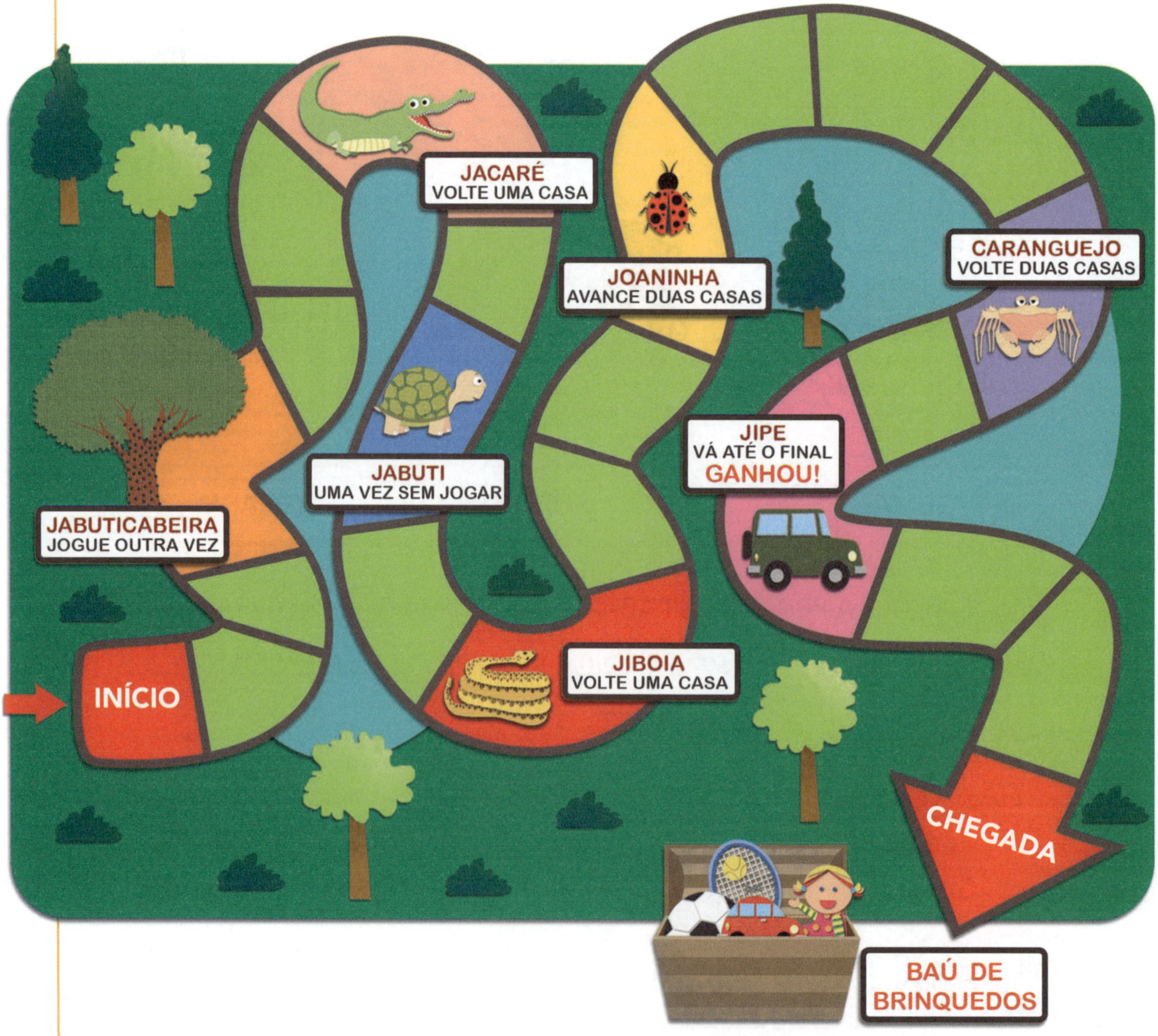
JACARÉ
VOLTE UMA CASA
JOANINHA
AVANCE DUAS CASAS
CARANGUEJO
VOLTE DUAS CASAS
JABUTI
UMA VEZ SEM JOGAR
JIPE
VÁ ATÉ O FINAL
GANHOU!
JABUTICABEIRA
JOGUE OUTRA VEZ
INÍCIO
JIBOIA
VOLTE UMA CASA
CHEGADA
BAÚ DE
BRINQUEDOS

Camila de Godoy/Arquivo da editora

JOÃO DESCOBRIU UM POEMA MUITO INTERESSANTE.

O POEMA É SOBRE UM JACARÉ E UM PASSARINHO.

O QUE SERÁ QUE ACONTECE COM UM PASSARINHO QUANDO ENCONTRA UM JACARÉ?

ACOMPANHE A LEITURA DO POEMA PARA SABER.

LEITURA: POEMA

JACARÉ E PASSARINHO

EXISTE ATÉ UM PASSARINHO
QUE ADORA JACARÉ
VAI PRA DENTRO DA SUA BOCA
E FAZ DELA O SEU CHALÉ
COME O RESTO DO ALIMENTO
COMO SENDO CANAPÉ.

MAS POR QUE O JACARÉ
NUNCA COME O PASSARINHO?
É PORQUE OS DOIS SE AJUDAM
QUANDO USAM "PALITINHO"
UM COME BASTANTE E O OUTRO
DEIXA SEU DENTE LIMPINHO.

CÉSAR OBEID. **RIMAS ANIMAIS**.
SÃO PAULO: MODERNA, 2010.

🍊 INTERPRETAÇÃO DO TEXTO

ATIVIDADE ORAL E ESCRITA

1 LEIA AS PALAVRAS E PINTE OS PEDAÇOS IGUAIS QUE RIMAM.

PASSARINHO	PALITINHO	LIMPINHO

2 CIRCULE AS PALAVRAS QUE RIMAM COM **JACARÉ**.

PASSARINHO	CHALÉ	BOCA
ALIMENTO	PALITINHO	CANAPÉ

3 **CHALÉ** É O NOME DE UM TIPO DE CASA DE CAMPO.
NO POEMA, ONDE O PASSARINHO FAZ SUA CASA, SEU CHALÉ?
MARQUE A RESPOSTA CORRETA.

☐ NO **PÉ** DO JACARÉ.

☐ NAS **COSTAS** DO JACARÉ.

☐ NA **BOCA** DO JACARÉ.

Camila de Godoy/Arquivo da editora

4 **CANAPÉ** É UM PEQUENO LANCHE.
ONDE O PASSARINHO ENCONTRA SEU CANAPÉ?

svry/
Shutterstock

5 LIGUE A FOTO DO PASSARINHO AO QUE ELE REPRESENTA PARA O JACARÉ.

David Hosking/FLPA/Easypix

CANAPÉ

PALITINHO

CHALÉ

6 CONVERSEM: POR QUE O JACARÉ NÃO COME O PASSARINHO?

AÍ VEM... POEMA

1 A PROFESSORA VAI LER O POEMA "CHATICE", SOBRE UM JACARÉ MUITO CHATO. O QUE SERÁ QUE ELE FAZ PARA SER CHATO?

CHATICE

JACARÉ
LARGA DO MEU PÉ,
DEIXA DE SER CHATO!

SE VOCÊ TEM FOME,
ENTÃO VÊ SE COME
SÓ O MEU SAPATO,

E LARGA DO MEU PÉ,
E VOLTA PRO SEU MATO,
JACARÉ!

JOSÉ PAULO PAES. **OLHA O BICHO**.
SÃO PAULO: ÁTICA, 2012.

Camila de Godoy/Arquivo da editora

2 ESCOLHA UM DOS POEMAS SOBRE JACARÉ E TREINE PARA LER EM VOZ ALTA QUANDO CHEGAR A SUA VEZ.

PRÁTICA DE ORALIDADE

CONVERSA EM JOGO

QUEM GANHA?

UM BICHO AJUDA OUTRO BICHO E OS DOIS GANHAM COM ISSO.
FOI O QUE ACONTECEU COM O JACARÉ E O PASSARINHO.
É SEMPRE ASSIM? VOCÊ SE LEMBRA DE ALGUM FATO PARECIDO?
CONTE AOS COLEGAS E OUÇA O QUE ELES TÊM A DIZER.

PRODUÇÃO DE TEXTO

POEMA

VOCÊS VIRAM QUE EXISTE PASSARINHO QUE ADORA **JACARÉ**. **JACARÉ** RIMA COM **CHALÉ**.

AGORA É A VEZ DE VOCÊS CRIAREM RIMAS.

EM DUPLAS, ESCOLHAM QUAL NOME DE ANIMAL PODE COMBINAR COM CADA PRESENTE DADO PELO PASSARINHO NOS VERSOS A SEGUIR.

EXISTE UM PASSARINHO

QUE ADORA _____

VAI LHE DAR DE PRESENTE

UM BELO **COLCHÃO**.

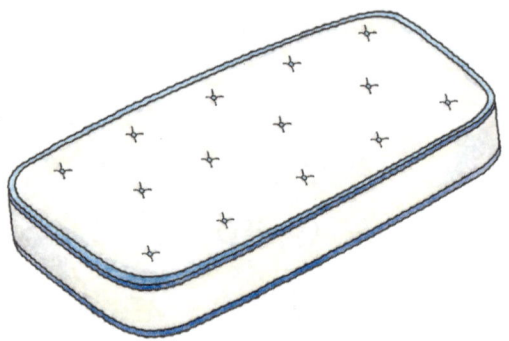

EXISTE UM PASSARINHO

QUE ADORA _____

VAI LHE DAR DE PRESENTE

UM BELO **SAPATO**.

EXISTE UM PASSARINHO

QUE ADORA _____

VAI LHE DAR DE PRESENTE

UM BELO **XALE DE LINHA**.

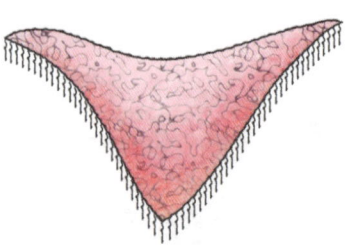

EXISTE UM PASSARINHO

QUE ADORA _____

VAI LHE DAR DE PRESENTE

UM BELO **CACHECOL**.

 # PALAVRAS EM JOGO

LETRA J

1 FALE AS PALAVRAS: **JACARÉ** E **JOÃO**.

A) EM QUANTOS PEDAÇOS OU SÍLABAS ESSAS PALAVRAS SÃO FALADAS?

B) COLOQUE UMA SÍLABA EM CADA ☐ .

DICA: O NÚMERO DE QUADROS É MAIOR QUE O NÚMERO DE SÍLABAS.

 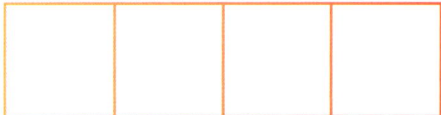

2 LIGUE AS LETRAS USANDO CORES:

- **VERMELHO**: PARA LIGAR AS LETRAS MAIÚSCULAS.

- **AZUL**: PARA LIGAR AS LETRAS MINÚSCULAS.

J

j

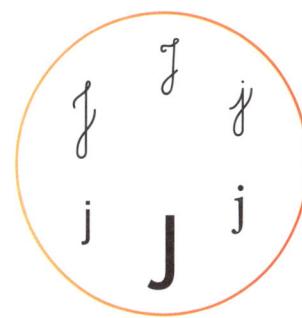

3 TRACE A LETRA **J** NO **CADERNO DE ATIVIDADES**. VÁ ATÉ A PÁGINA 37.

ATIVIDADES

1 VAMOS TROCAR A SÍLABA **JO** POR OUTRAS PARA FORMAR PALAVRAS DIFERENTES. ESCOLHA SÍLABAS DO BALÃO PARA COLOCAR NO LUGAR DE **JO**. LEIA AS PALAVRAS FORMADAS.

2 LEIA ESTES NOMES:

JECA	JOCA	JUCA

AGORA, VOCÊ VAI LER ALGUMAS FRASES. COPIE OS NOMES NOS ESPAÇOS E CRIE RIMAS. SIGA O MODELO.

> JECA, JUCA E JOCA COMIAM PIPOCA.

A) _____, _____ E _____ FUGIAM DE UMA PERERECA.

B) _____, _____ E _____ CAÍRAM EM UMA ARAPUCA.

3 A PROFESSORA PEDIU AOS ALUNOS UMA LISTA DE PALAVRAS COM **J**. VEJA ABAIXO A LISTA DE **JOÃO**.

PINTE O NOME DE CADA ANIMAL QUE APARECE NA LISTA.

JABUTICABA	JIBOIA	JERIMUM

JILÓ	JABUTI	JAVALI

4 COPIE DA LISTA DE **JOÃO**:

A) NOME DE ANIMAL EM QUE A LETRA **A** APARECE 2 VEZES.

_____

B) NOME DE ANIMAL EM QUE A LETRA **I** APARECE 2 VEZES.

_____

C) NOME DE ALIMENTO QUE COMEÇA COM **JI**.

_____

D) NOME DE ALIMENTO COM 10 LETRAS.

_____

5 **SILABÁRIO EM JOGO.** PEGUEM ESTAS SÍLABAS NO SILABÁRIO.

TI	PE	JU	CA	JO	BU

JA	GA	GO	BA	DA	JI

A PROFESSORA AVISARÁ QUANDO VOCÊS PODERÃO COMEÇAR E QUANDO DEVERÃO ACABAR O JOGO.

A) COM AS SÍLABAS, FORMEM PALAVRAS SOBRE A CARTEIRA.

B) COPIEM AS PALAVRAS FORMADAS EM UMA FOLHA DE PAPEL SULFITE.

C) QUANDO A PROFESSORA DER O SINAL PARA ACABAR, PAREM DE ESCREVER. TREINEM A LEITURA DAS PALAVRAS FORMADAS.

D) A DUPLA QUE FORMAR O MAIOR NÚMERO DE PALAVRAS E LER SEM TROPEÇAR GANHARÁ!

6 **DITADO.** UM DITA, OUTRO ESCREVE...

A) DITE PARA SEU COLEGA O NOME DE 3 ALIMENTOS ENTRE TODOS OS QUE APARECEM NAS FOTOS A SEGUIR.

B) AGORA, ESCREVA O NOME DE 3 ALIMENTOS DITADOS POR SEU PAR.

_____

_____

_____

Alfredo Franco/Acervo do fotógrafo

Alex Moreira/Acervo do fotógrafo

Fabio Colombini/Acervo do fotógrafo

Maks Narodenko/Shutterstock

Goodshot/Jupiter Images

7 JUNTE AS LETRAS E DESCUBRA AS PALAVRAS.

A B
J U

_____ DO LEÃO.

I J
A O

_____ DA MENINA.

J O I
A B I

_____ DA FLORESTA.

J A D
A G O

_____ DO JOGADOR.

8 CIRCULE NO ALFABETO A LETRA QUE INICIA OS NOMES ABAIXO
E ESCREVA-OS NA ORDEM ALFABÉTICA.
LEIA AS PALAVRAS NA SEQUÊNCIA.

VERA	GABI	JOÃO

A	B	C	D	E	F	G	H	I	J	K	L	M
N	O	P	Q	R	S	T	U	V	W	X	Y	Z

1. _____

2. _____

3. _____

LETRA J

VOCÊ SABE COMO SURGIU O J?
OUÇA O QUE A PROFESSORA VAI CONTAR.

J j

Dnepwu/Arquivo da editora

PESQUISA

RECORTE DE JORNAIS E REVISTAS 5 PALAVRAS COM A LETRA J E DEPOIS COLE-AS NO CADERNO.

MEMÓRIA EM JOGO

VAMOS MEMORIZAR.

JULIANA JUNTA JABUTI, JACARÉ, JARARACA.
NO JARDIM DE JULIANA
O JACARÉ JOGA COM O JABUTI...

BARTOLOMEU CAMPOS DE QUEIRÓS. **DE LETRA EM LETRA**.
SÃO PAULO: MODERNA, [S.D.]. P. 13.

Silvana Rando/Arquivo da editora

REGISTRE OS VERSOS COMO SOUBER NA PÁGINA 37 DO **CADERNO DE ATIVIDADES**.

HISTÓRIA EM VERSOS

PARA INICIAR

O LEÃO É CONHECIDO COMO REI DOS ANIMAIS. É UM ANIMAL SELVAGEM E CAUSA MEDO EM MUITA GENTE.

MAS VOCÊ PODE FAZER COMO O **LEO** E MONTAR UM LEÃO DE PAPEL PARA VOCÊ BRINCAR. VEJA:

Dnepwu/Arquivo da editora

MATERIAL

- CILINDRO DO ROLO DE PAPEL HIGIÊNICO
- CARTOLINAS (2 CORES)
- LÁPIS DE COR
- COLA BRANCA
- TESOURA SEM PONTAS

MODO DE FAZER

1. NAS CARTOLINAS, DESENHE A CABEÇA E A JUBA DO LEÃO. RECORTE.

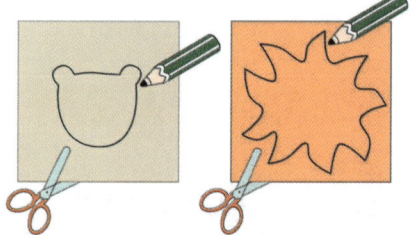

2. COLE A CABEÇA POR CIMA DA JUBA. DESENHE A CARA DO LEÃO.

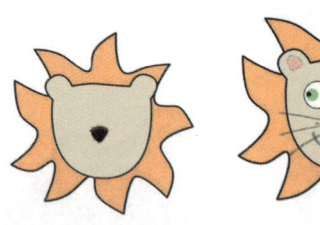

4. COLE TODAS AS PARTES NO CILINDRO CONFORME O MODELO.

Ilustrações: Silvana Rando/ Arquivo da editora

3. CORTE 4 TIRAS PARA SEREM AS PATAS E OUTRA PARA SER A CAUDA DO LEÃO.

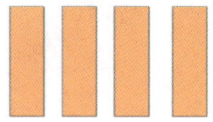

AGORA DÊ ASAS À IMAGINAÇÃO E BRINQUE COM SEU LEÃO!

LEO SOUBE QUE SEU NOME VEM DA PALAVRA **LEÃO** E FOI LOGO PROCURAR UMA HISTÓRIA COM UM LEÃO.

ELE ENCONTROU EM UM LIVRO VÁRIAS HISTÓRIAS, ATÉ A DE UM LEÃO DESPENTEADO.

O QUE SERÁ QUE ACONTECEU?

ACOMPANHE A LEITURA DA PROFESSORA.

LEITURA: HISTÓRIA EM VERSOS

ASSIM ASSADO

ERA UMA VEZ UM SAPO CABELUDO.

PARA VER A NAMORADA, PUNHA ROUPA DE VELUDO.

E O LEÃO?

ERA UMA VEZ UM ESPELHO ENCANTADO.

QUEM USASSE DEMAIS ESTRAGAVA O PENTEADO.

EVA FURNARI. **ASSIM ASSADO**. 3. ED. SÃO PAULO: MODERNA, 2010. P. 18-19 E 14-15.

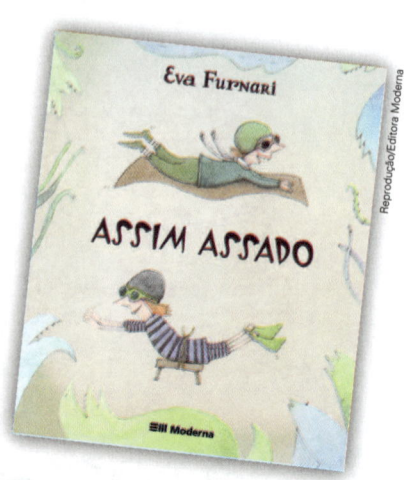

INTERPRETAÇÃO DO TEXTO

ATIVIDADE ORAL E ESCRITA

1 REVEJA CADA IMAGEM E LIGUE-A À EXPRESSÃO CORRETA.

ESPELHO ENCANTADO

PENTEADO ESTRAGADO

NAMORADA DO SAPO

Imagens: Furnari, Eva. Assim Assado/Eva Furnari; ilustrações da autora. - 3. ed. - São Paulo: Moderna, 2010. (Série miolo mole).

SAPO CABELUDO

2 COPIE A EXPRESSÃO QUE FICOU SEM IMAGEM PARA LIGAR:

_____

3 CIRCULE NO TEXTO AS DUPLAS DE PALAVRAS QUE RIMAM EM CADA VERSO.

4 ESCREVA O NOME DO PERSONAGEM QUE USA O ESPELHO ENCANTADO:

_____.

5 PINTE O ☐ COM A RESPOSTA MAIS ADEQUADA.

O LEÃO TINHA O PENTEADO ESTRAGADO PORQUE:

☐ JOGAVA FUTEBOL.

☐ USAVA DEMAIS O ESPELHO.

☐ PUNHA ROUPA DE VELUDO.

6 O QUE SIGNIFICA "ESPELHO ENCANTADO"?

PINTE A RESPOSTA QUE PODE SUBSTITUIR ESSA EXPRESSÃO.

☐ ESPELHO BONITO   ☐ ESPELHO CURIOSO

☐ ESPELHO MÁGICO   ☐ ESPELHO FEIO

7 PINTE O ☐ QUE COMPLETA A FRASE.

COM ESSA HISTÓRIA EM VERSOS, A AUTORA QUIS:

☐ INFORMAR.   ☐ DIVERTIR.   ☐ EMOCIONAR.

🍊 PRÁTICA DE ORALIDADE

CONVERSA EM JOGO

HISTÓRIA PREDILETA

CADA UMA DAS DUPLAS DE VERSOS CONTA UMA HISTÓRIA QUE PODE SER ENGRAÇADA: SAPO CABELUDO COM ROUPA DE VELUDO OU LEÃO COM PENTEADO ESTRAGADO.

QUAL DELAS VOCÊ ESCOLHERIA COMO PREDILETA? E QUAL SERIA A MAIS ENGRAÇADA? POR QUÊ?

CONVERSE COM OS COLEGAS E OUÇA COM ATENÇÃO A OPINIÃO DELES.

PRODUÇÃO DE TEXTO

HISTÓRIA EM VERSOS

CHEGOU A HORA DE MUDAR RIMAS E DE INVENTAR NOVAS HISTÓRIAS.

PREPARO

1. LEIAM JUNTOS ESTES VERSOS. OS TRECHOS COLORIDOS INDICAM AS PALAVRAS QUE RIMAM.

ERA UMA VEZ UM GATO **FACEIRO**	NA HORA DE DORMIR IA PARA O **GALINHEIRO**.

2. O VERSO FINAL MUDOU A HISTÓRIA? CONVERSEM.

ESCRITA

1. AGORA É A VEZ DE VOCÊS! VAMOS MUDAR AS HISTÓRIAS!
LEIAM OS VERSOS A SEGUIR E ESCOLHAM PALAVRAS QUE RIMAM
PARA CRIAR NOVOS VERSOS.

ERA UMA VEZ UM SAPO **CABELUDO**	A NAMORADA ACHAVA QUE ELE ERA _____
ERA UMA VEZ UM ESPELHO **ENCANTADO**	QUEM USASSE DEMAIS FICAVA _____
ERA UMA VEZ UM BICHO **DIFERENTE**	_____ _____

2. A PROFESSORA VAI REGISTRAR OS VERSOS NA LOUSA.

APRESENTAÇÃO

VAMOS FAZER UM **VARAL DE HISTÓRIAS EM VERSOS**?

A) COPIEM O TEXTO EM FOLHA DE PAPEL.

B) FAÇAM DESENHOS OU COLAGENS PARA ILUSTRAR OS TEXTOS.

C) PENDUREM AS FOLHAS EM UM VARAL.

 # PALAVRAS EM JOGO

LETRA L

1 LEIA.

LEO

LEÃO

CIRCULE NA PALAVRA **LEÃO** AS LETRAS QUE ESTÃO NO NOME **LEO**.

2 FALE A PALAVRA **LEÃO** EM VOZ ALTA.

A) EM QUANTOS PEDAÇOS OU SÍLABAS ESSA PALAVRA É FALADA? _____

B) ESCREVA AS SÍLABAS A SEGUIR, PREENCHENDO OS QUADROS NECESSÁRIOS.

_____	_____	_____	_____	_____

3 LIGUE AS LETRAS USANDO CORES:

- **VERMELHO**: PARA LIGAR AS LETRAS MAIÚSCULAS.

- **AZUL**: PARA LIGAR AS LETRAS MINÚSCULAS.

L
l

l ℒ l
L **L** ℓ

4 TRACE A LETRA L NA PÁGINA 38 DO **CADERNO DE ATIVIDADES**.

5 CIRCULE A **SÍLABA** FORMADA COM A LETRA L NAS PALAVRAS ABAIXO.

   cabeludo

ATIVIDADES

1 **LEO** DESCOBRIU OUTROS NOMES QUE COMEÇAM COM AS MESMAS LETRAS DO SEU NOME.

ENCONTRE ESSES NOMES E PINTE-OS DE **AZUL**.

LUCAS	LEONARDO	LOURIVAL	LAURA
LIA	LARISSA	LEOCÁDIO	LEONOR
LUCIANA	LEONEL	LINO	LAÍS

2 FORME 4 PALAVRAS MUDANDO A SÍLABA DESTACADA NO FINAL DA PALAVRA POR UMA OU MAIS SÍLABAS DIFERENTES.

LO**BO**

LO_____

LO_____

LO_____

LO_____

LA**TA**

LA_____

LA_____

LA_____

LA_____

3 AGORA FORME PALAVRAS NOVAS MUDANDO A SÍLABA DESTACADA NO INÍCIO DA PALAVRA.

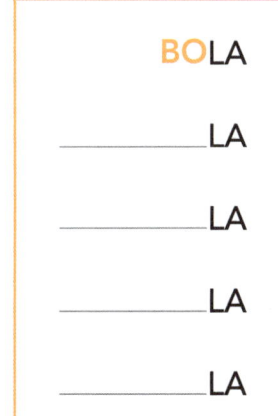

BOLA

_____LA

_____LA

_____LA

_____LA

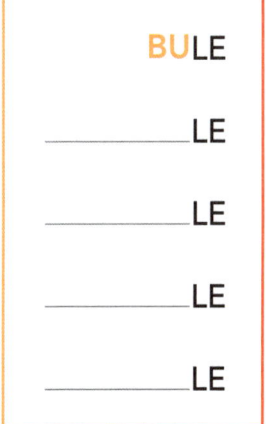

BULE

_____LE

_____LE

_____LE

_____LE

4 ENCONTRE AS SÍLABAS PARA FORMAR AS PALAVRAS QUE DÃO NOME ÀS FIGURAS. JÁ ESCREVEMOS UMA PARA VOCÊ!

BA	BO	LE	CO	TO	LA

BU	NÉ	FI	LO	GA	GO

_____

BONÉ

_____

_____

_____

_____

Ilustrações:
Silvana Rando/
Arquivo da editora

5 FALE A PALAVRA E SEPARE-A EM SÍLABAS.

LEÃO

PIÃO

AVIÃO

GAVIÃO

SABÃO

LETRA L

LEO VAI MOSTRAR COMO SURGIU A LETRA **L**!
OUÇA O QUE A PROFESSORA VAI CONTAR.

Dnepwu/Arquivo da editora

PESQUISA

1. RECORTE DE JORNAIS E REVISTAS 5 PALAVRAS QUE TENHAM A LETRA **L** E COLE-AS NO CADERNO.

2. DEPOIS, ESCREVA NO CADERNO OS NOMES DOS COLEGAS DA SALA QUE INICIAM COM A LETRA **L**.

MEMÓRIA EM JOGO

LEIA OS VERSOS A SEGUIR.

O LEÃO

LEÃO! LEÃO! LEÃO!
RUGINDO COMO UM TROVÃO
DEU UM PULO, E ERA UMA VEZ
UM CABRITINHO MONTÊS

VINICIUS DE MORAES E FAGNER. O LEÃO.
CD **ARCA DE NOÉ 2**. POLYGRAM, 1981. FAIXA 2.

Silvana Rando/Arquivo da editora

AGORA, ESCREVA UM VERSO DESSA ESTROFE DE LETRA DE CANÇÃO NA PÁGINA 38 DO **CADERNO DE ATIVIDADES**.

DUAS LETRAS, UM SOM: LH

1 LEIA ESTAS PALAVRAS EM VOZ ALTA.

LEÃO ← → ESPELHO

2 LEIA OS PARES DE PALAVRAS. OBSERVE O QUE ACONTECE COM A LETRA **L** QUANDO VEM SEGUIDA DA LETRA **H**.

BOLA	→	BOLHA

| MALA | → | MALHA | | FILA | → | FILHA |

| VELA | → | VELHA | | MOLA | → | MOLHA |

3 LEIA AS PALAVRAS.

BILHETE	SALA	TOALHA	VILA	GALO	COELHO

COPIE CADA PALAVRA NA COLUNA DE ACORDO COM AS LETRAS DESTACADAS.

BOLA	BOLHA

MESMA LETRA, OUTRO SOM

O L INTROMETIDO

1 OBSERVE O PAR DE PALAVRAS.

Fabio Colombini/ Acervo do fotógrafo

Germano Luders/ Acervo do fotógrafo

| PACA | → | PLACA |

AGORA FAÇA O MESMO E FORME PARES DE PALAVRAS.

| FECHA | → | _____ | | FORA | → | _____ |

| PUMA | → | _____ | | CARO | → | _____ |

| FOCO | → | _____ | | CORO | → | _____ |

2 PINTE AS PALAVRAS QUE TENHAM SÍLABA COM O **L** INTROMETIDO.

| BICICLETA | BOCA | BÍBLIA | PLACA | CUBO |
| GLACÊ | FUTURO | CLIMA | BULE | PLEBEU |

COPIE ESSAS PALAVRAS NOS QUADROS A SEGUIR. OBSERVE AS VOGAIS NAS LETRAS DESTACADAS.

FLAMENGO	**FLE**CHA	A**FLI**TA
_____	_____	_____
_____	_____	_____

BILHETE

PARA INICIAR

MARIANA GOSTA MUITO DE PARLENDAS. VAMOS CONHECER A PARLENDA QUE ACOMPANHA UMA BRINCADEIRA?

VAMOS BRINCAR DE **DANÇA DAS CADEIRAS**!

1. AJUDEM A PROFESSORA A SEPARAR AS CADEIRAS.

2. FORMEM UMA RODA EM VOLTA DELAS.

3. COM AS MÃOS PARA TRÁS, TODOS CAMINHAM SALTITANDO E RECITANDO JUNTOS A PARLENDA.

> **ATENÇÃO**
>
> O NÚMERO DE CADEIRAS DEVE SER UM A MENOS QUE O NÚMERO DE ALUNOS.

MAMÃE FOI À FEIRA
NÃO SABIA O QUE COMPRAR
COMPROU UMA CADEIRA
PRA MARIA SE SENTAR

MARIA SE SENTOU
A CADEIRA ESBORRACHOU
COITADINHA DA MARIA
FOI PARAR NO CORREDOR.

DOMÍNIO PÚBLICO.

4. CADA VEZ QUE PARAR A PARLENDA, TODOS DEVEM PROCURAR UMA CADEIRA PARA SE SENTAR.

5. QUEM FICAR DE PÉ SAI DA RODA E LEVA UMA CADEIRA EMBORA.

6. GANHA PALMAS QUEM FICAR ATÉ O FIM.

A MÃE DE **MARIANA** SE CHAMA MARINA. ELA ESCREVEU UM BILHETE PARA A PROFESSORA DA FILHA.

PARA QUE PODE SERVIR ESSE BILHETE? LEIA PARA DESCOBRIR.

LEITURA: BILHETE

OBSERVE O BILHETE QUE A MÃE DE **MARIANA** ESCREVEU. O QUE VOCÊ NOTA DE DIFERENTE?

Professora,

Mariana se machucou e, por isso, vou levá-la ao médico.

Ela não poderá ir à aula hoje.

Um abraço.

Marina.

11 de maio de 2021.

🍊 INTERPRETAÇÃO DO TEXTO

ATIVIDADE ORAL E ESCRITA

1 A MÃE DE **MARIANA** ESCREVEU O BILHETE COM UMA LETRA DIFERENTE. COMPARE AS DUAS FORMAS DE ESCREVER.

NOS DOIS BILHETES PINTE:

A) DE **AZUL**: A QUEM O BILHETE É ENVIADO.

B) DE **AMARELO**: O ASSUNTO PRINCIPAL, OU SEJA, O CORPO DO BILHETE.

C) DE **VERMELHO**: AS PALAVRAS DE DESPEDIDA.

D) DE **VERDE**: A ASSINATURA.

Professora,
Mariana se machucou e, por isso, vou levá-la ao médico.
Ela não poderá ir à aula hoje.

Um abraço.
Marina.

11 de maio de 2021.

PROFESSORA,
MARIANA SE MACHUCOU E, POR ISSO, VOU LEVÁ-LA AO MÉDICO.
ELA NÃO PODERÁ IR À AULA HOJE.

UM ABRAÇO.
MARINA.

11 DE MAIO DE 2021.

2 NO CORPO DO BILHETE FICAMOS SABENDO QUE **MARIANA** NÃO VAI À ESCOLA PORQUE:

☐ VAI VIAJAR. ☐ VAI AO MÉDICO. ☐ VAI A UMA FESTA.

3 COPIE A DATA EM QUE O BILHETE FOI ESCRITO.

_____

4 AGORA VOCÊ JÁ SABE PARA QUE SERVIU O BILHETE.

FAÇA UM **X** NA RESPOSTA CORRETA.

☐ CONVIDAR ☐ AVISAR ☐ DIVERTIR ☐ LEMBRAR

5 COM A AJUDA DA PROFESSORA, LEIA ESTES OUTROS BILHETES.

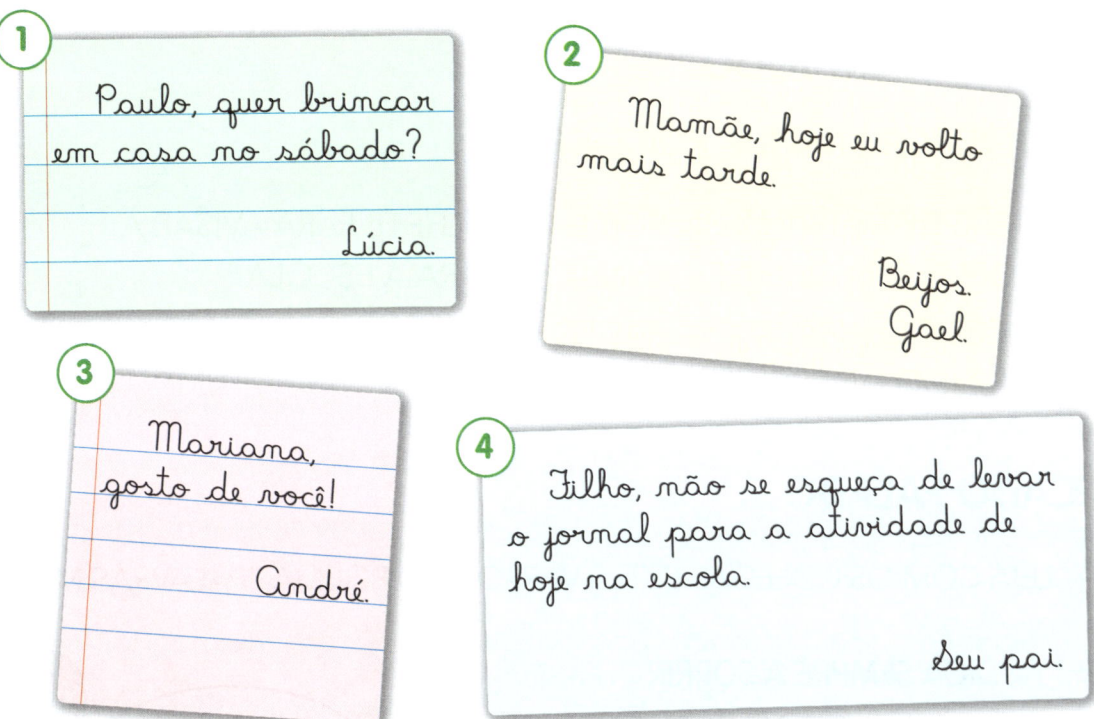

1 Paulo, quer brincar em casa no sábado?

Lúcia.

2 Mamãe, hoje eu volto mais tarde.

Beijos.
Gael.

3 Mariana, gosto de você!

André.

4 Filho, não se esqueça de levar o jornal para a atividade de hoje na escola.

Seu pai.

A) EM CADA BILHETE, CIRCULE:

- DE **VERMELHO**: O NOME DE QUEM O ENVIOU.
- DE **AZUL**: O NOME DE QUEM VAI RECEBER O BILHETE.
- DE **AMARELO**: O CORPO DO BILHETE.

B) PARA QUE SERVEM OS BILHETES? ESCREVA O NÚMERO DE ACORDO COM A **INTENÇÃO** DE CADA UM DELES.

☐ AVISAR   ☐ CONVIDAR

☐ MOSTRAR CARINHO   ☐ LEMBRAR

6 OBSERVEM O TIPO DE LETRA EMPREGADO NOS BILHETES ACIMA E CONVERSEM.

A) POR QUE ESSE TIPO FOI USADO?

B) GERALMENTE, O TEXTO DOS BILHETES É CURTO. POR QUÊ?

COM A AJUDA DA PROFESSORA, FAÇAM UM REGISTRO DAS CONCLUSÕES NO CADERNO.

🍊 PRÁTICA DE ORALIDADE

CONVERSA EM JOGO

COMUNICAÇÃO RÁPIDA POR ESCRITO

👥🟠 A MÃE DE MARIANA ESCREVEU UM BILHETE PARA AVISAR À PROFESSORA QUE A FILHA NÃO IA PARA A ESCOLA.

VOCÊS CONHECEM OUTRAS FORMAS DE COMUNICAÇÃO RÁPIDA FEITA POR MEIO DA ESCRITA?

RECADO FALADO

👥 **1** LEIA COM OS COLEGAS ESTES VERSOS DO POEMA "PALAVRAS MÁGICAS".

DIGA SEMPRE A SORRIR
PRA NÃO SER MAL-EDUCADO:
COM LICENÇA, ME DESCULPE,
POR FAVOR E OBRIGADO!
[...]

PEDRO BANDEIRA. **OBRIGADO, MAMÃE**. MODERNA: SÃO PAULO, 2002.

A) QUAIS SERIAM AS "PALAVRAS MÁGICAS" DO POEMA?

B) POR QUE ESSAS PALAVRAS SÃO MÁGICAS? CONVERSEM SOBRE ISSO.

2 IMAGINE QUE VOCÊ FOI ENCARREGADO DE UMA TAREFA.

- **A TAREFA**: DAR UM RECADO.
- **PARA QUEM**: UMA PROFESSORA DE OUTRA SALA.
- **QUEM PEDIU**: A MÃE DE UM COLEGA.
- **O ASSUNTO**: SEU COLEGA NÃO VAI À AULA PORQUE ESTÁ DOENTE.

COMO VOCÊ DARIA ESSE RECADO: FALANDO DIRETAMENTE OU POR MEIO DO CELULAR, POR EXEMPLO?

AGUARDE SUA VEZ E NÃO SE ESQUEÇA DE FALAR AS "PALAVRAS MÁGICAS" QUE PODERIAM SER USADAS NESSA SITUAÇÃO.

PRODUÇÃO DE TEXTO

BILHETE

MARIANA NÃO PÔDE IR À ESCOLA PORQUE ESTÁ MACHUCADA.

PLANEJAMENTO

1. IMAGINEM QUE **MARIANA** SEJA UMA COLEGA DA TURMA.

2. VAMOS ENVIAR UM BILHETE PARA DEMONSTRAR NOSSO CARINHO POR ELA E ANIMÁ-LA.

3. VOCÊS DARÃO AS IDEIAS PARA A PROFESSORA REGISTRAR O BILHETE NA LOUSA.

ESCRITA

COPIEM ABAIXO O BILHETE:

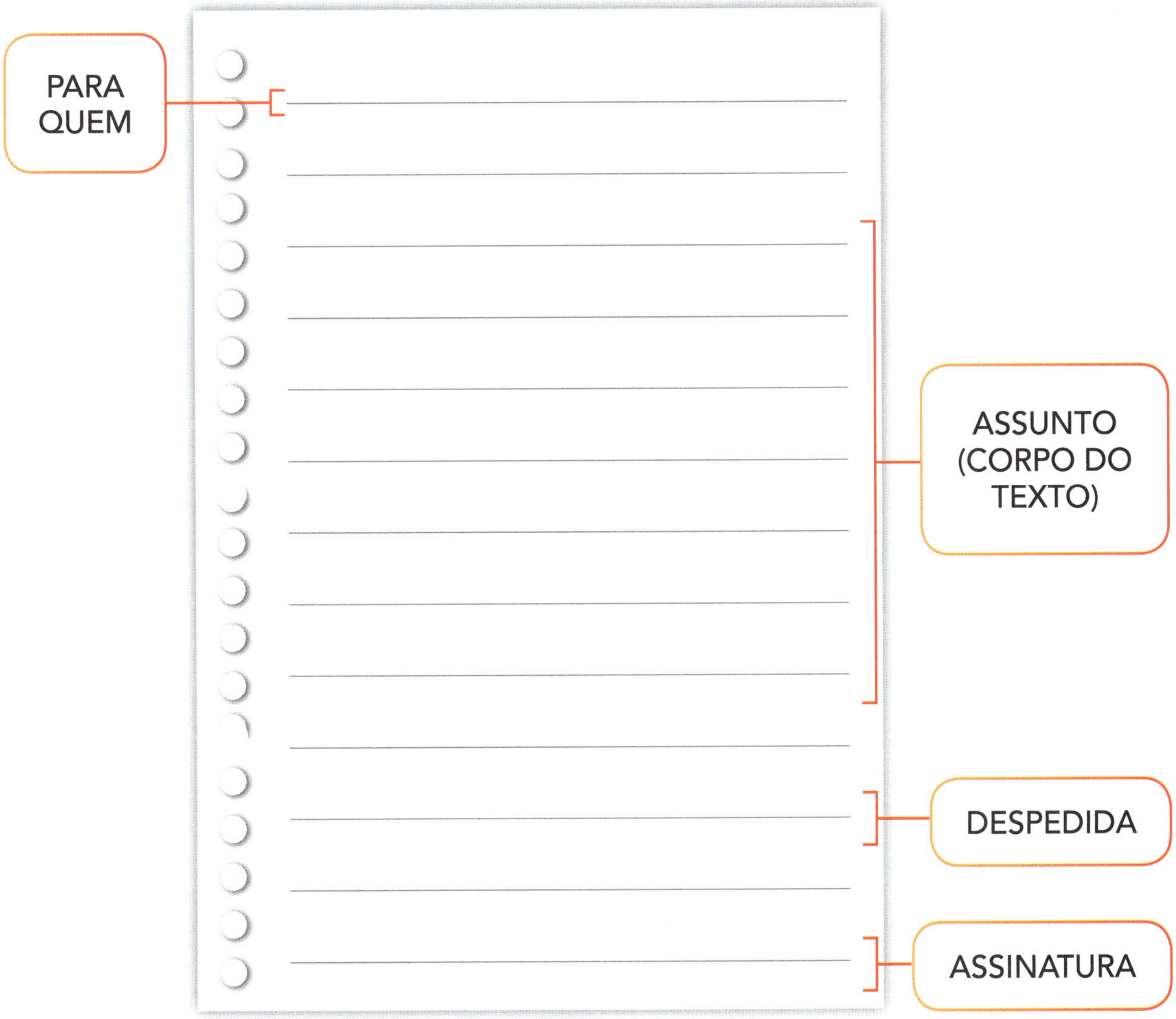

PARA QUEM

ASSUNTO (CORPO DO TEXTO)

DESPEDIDA

ASSINATURA

TROCA-TROCA DE BILHETES

QUE TAL TROCARMOS BILHETINHOS COM OS COLEGAS?

1. SORTEIE UM COLEGA DA TURMA.

2. PENSE NA SUA **INTENÇÃO** AO ESCREVER O BILHETE:

   - CONVIDAR PARA BRINCAR NA SUA CASA.

   - DAR UM RECADO.

   - FAZER UM LEMBRETE.

   - AVISAR SOBRE ALGO.

   - MANIFESTAR CARINHO.

3. ENTREGUE O BILHETE.

4. QUANDO RECEBER SEU BILHETE, RESPONDA COM OUTRO.

5. NÃO SE ESQUEÇA DE USAR PALAVRAS GENTIS, DE CORTESIA, QUANDO NECESSÁRIO: **OBRIGADO** OU **OBRIGADA**, **POR FAVOR**, **COM LICENÇA**, ETC.

PALAVRAS EM JOGO

LETRA M

1 LEIA AS PALAVRAS A SEGUIR.

MARIANA	MÉDICO
MAMÃE	MARINA

A) COPIE O NOME DA MENINA QUE NÃO PÔDE IR À ESCOLA.

_____

B) PINTE O NOME DA MÃE DA MENINA.

C) COPIE A PALAVRA QUE **NÃO** COMEÇA COM A SÍLABA **MA**.

_____

2 LIGUE AS LETRAS USANDO CORES:

- **VERMELHO**: PARA LIGAR AS LETRAS MAIÚSCULAS.
- **AZUL**: PARA LIGAR AS LETRAS MINÚSCULAS.

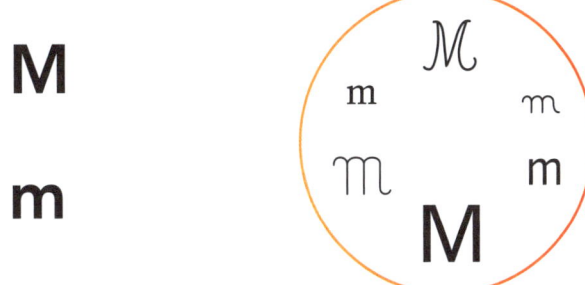

3 TRACE A LETRA M NA PÁGINA 39 DO **CADERNO DE ATIVIDADES**.

ATIVIDADES

1 ENCONTRE OUTROS NOMES NO NOME **MARIANA**.

MARI_____	_____
_____	_____
_____	_____

2 VEJA AS FIGURAS E ESCREVA A SÍLABA QUE FALTA PARA COMPLETAR CADA PALAVRA.

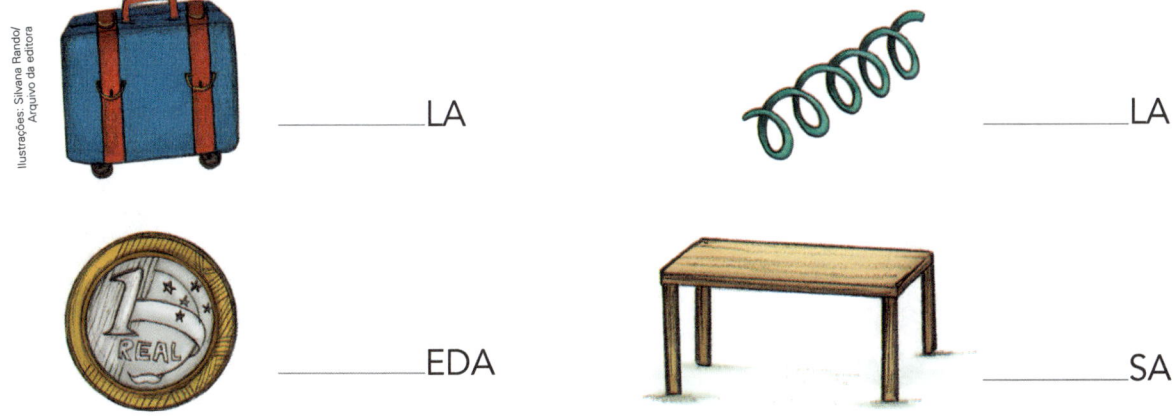

Ilustrações: Silvana Rando/ Arquivo da editora

_____LA

_____LA

_____EDA

_____SA

3 SIGA AS INSTRUÇÕES PARA ACRESCENTAR OU TIRAR SÍLABAS E DESCUBRA AS PALAVRAS.

MACACO **– MA**: <u>CACO</u>

CAMA **+ DA**: _____

MELADO **– LA**: _____

MICO **– CO + A + DO**: _____

4 PEGUE ESTAS SÍLABAS NO **SILABÁRIO**.

MA	LA	MO	DA	ME	BU	LO	JO
CO	MI	DO	GE	FA	MU	CA	TI

JUNTE AS SÍLABAS E FORME O MAIOR NÚMERO DE PALAVRAS QUE CONSEGUIR.

_____

_____

5 **CRUZADINHA.** LEIA E COMPLETE COM O NOME DE CADA FIGURA.

Ilustrações: Camila de Godoy/Arquivo da editora

6 CIRCULE A LETRA **M** NAS PALAVRAS ESCRITAS NOS BILHETES.

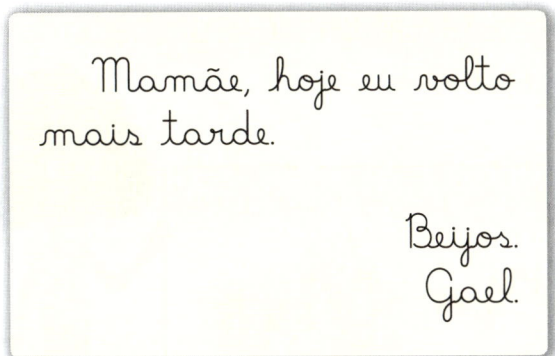

Mamãe, hoje eu volto mais tarde.

Beijos.
Gael.

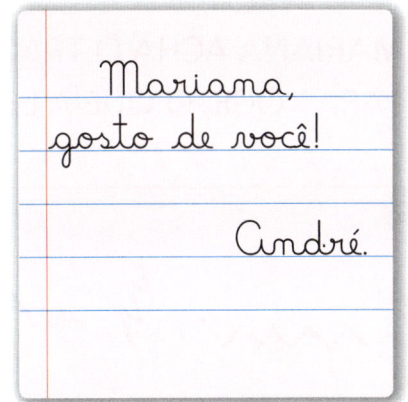

Mariana, gosto de você!

André.

NOS BILHETES, FOI USADA LETRA DE MÃO OU **LETRA CURSIVA**.
AO ESCREVER DESSA MANEIRA, NÃO INTERROMPEMOS A ESCRITA ATÉ A PALAVRA ACABAR.

7 **NOMES.** OBSERVE COMO FICAM ALGUNS NOMES EM LETRA CURSIVA.

MARIA	CAIO	JOÃO	HELENA	BEATRIZ
Maria	*Caio*	*João*	*Helena*	*Beatriz*

A) PINTE O NOME ESCRITO EM CURSIVA QUE COMEÇA COM A LETRA **M**.

B) LIGUE OS NOMES ESCRITOS EM LETRA DE IMPRENSA AOS NOMES ESCRITOS EM LETRA CURSIVA.

ALINE		*Vera*
DANIELA		*Aline*
FELIPE		*Daniela*
VERA		*Felipe*

8 USE O ALFABETO MÓVEL DO **ÁPIS DIVERTIDO** COM OS 2 TIPOS DE LETRA, CURSIVA E DE IMPRENSA, PARA VOCÊ CONSULTAR QUANDO QUISER.

MARIANA ACHA O TRAÇADO DA LETRA **M** MUITO CURIOSO.
PARA VOCÊ, O QUE A LETRA **M** LEMBRA?

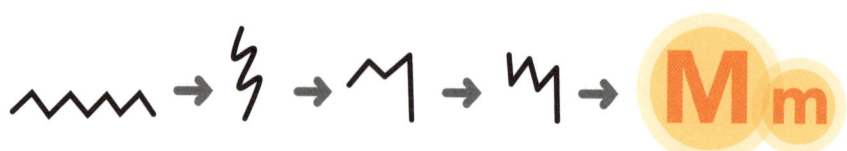

Dnepwu/Arquivo da editora

PESQUISA

1 RECORTE DE JORNAIS E REVISTAS 8 PALAVRAS QUE TENHAM A LETRA **M** E COLE-AS NO CADERNO.

2 ENTRE AS PALAVRAS QUE CADA UM TROUXE, ESCOLHAM ALGUMAS PARA MONTAR UMA LISTA. COPIEM A SEGUIR.
DEPOIS, LEIAM A LISTA SEGUINDO AS ORIENTAÇÕES DA PROFESSORA.

_____

_____

_____

_____

_____

_____

_____

_____

_____

_____

MEMÓRIA EM JOGO

LEIA E MEMORIZE OS VERSOS PARA RECITAR.

MEIO-DIA
MACACO ASSOVIA
FAZENDO CARETA
PRA DONA MARIA

JACQUELINE HEYLEN. **PARLENDA, RIQUEZA FOLCLÓRICA**.
SÃO PAULO: HUCITEC, 1987.

NA PÁGINA 39 DO **CADERNO DE ATIVIDADES**, TENTE ESCREVER OS VERSOS DO JEITO QUE VOCÊ SE LEMBRAR.

 # MESMA LETRA, OUTRO SOM

LETRA M E NASALIZAÇÃO DA VOGAL

ATIVIDADE ORAL E ESCRITA

1 OUÇA E REPITA OS VERSOS DA MÚSICA DE CARNAVAL QUE A PROFESSORA VAI LER.

TOURADAS EM MADRI

[...]
CAR**AM**BA, CAR**AM**BOLA
SOU DO S**AM**BA, NÃO ME AMOLA
PRO BRASIL EU VOU FUGIR
ISTO É CONVERSA MOLE
PRA BOI DORMIR
EU FUI ÀS TOURADAS EM MADRI
PARARÁ T**IM**B**UM**, B**UM**, B**UM**
PARARÁ T**IM**B**UM**, B**UM**, B**UM**

JOÃO DE BARRO E ALBERTO RIBEIRO. TOURADAS EM MADRI.
LP **MARCHINHAS CARNAVALESCAS**.

UNIDADE 11

2 REPITA AS PALAVRAS SEGURANDO LEVEMENTE O NARIZ.

| CARAMBA | SAMBA | CARAMBOLA | TIMBUM | BUM |

O QUE ACONTECE?

3 LEIA O PAR DE PALAVRAS A SEGUIR.

Ilustrações: Silvana Rando/Arquivo da editora

| TAPA | ⟶ | TAMPA |

CONVERSE E RESPONDA: O QUE ACONTECE COM O SOM DA LETRA **A** QUANDO ELA VEM SEGUIDA DA LETRA **M**?

4 COLOQUE A LETRA **M** DEPOIS DA LETRA **A**. LEIA A PALAVRA NOVA E VEJA O QUE ACONTECE COM O SOM.

CAPA: _____   PAPA: _____

5 LEIA OUTRO PAR DE PALAVRAS E VEJA O QUE ACONTECE.

Carl Tremblay/StockFood/Getty Images

Silvana Rando/Arquivo da editora

| SOBRA | ⟶ | SOMBRA |

6 ESCREVA AS PALAVRAS SEM A LETRA **M** E CONTE O QUE PERCEBEU.

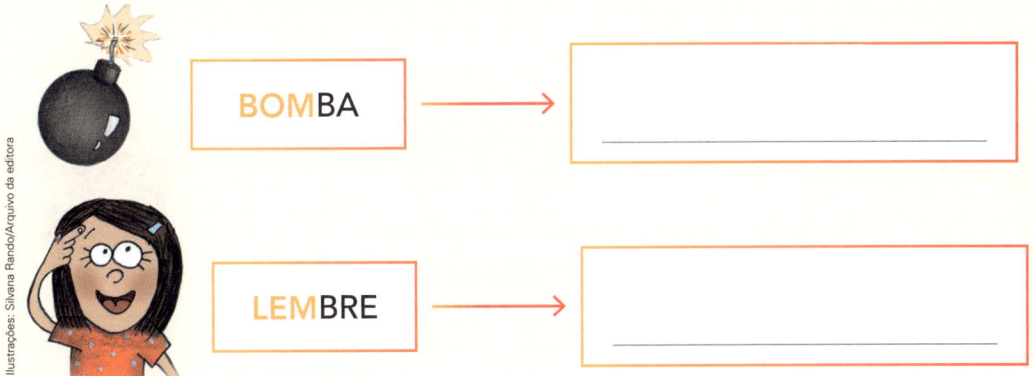

BOMBA ➔ _____

LEMBRE ➔ _____

7 OBSERVE AS FIGURAS.

A) PINTE OS ☐ DAS FIGURAS QUE TÊM NO NOME A LETRA **M** ANTES DE **P** E **B**.

B) PINTE NA LISTA O NOME DAS FIGURAS QUE VOCÊ MARCOU.

TRONCO	CACHIMBO	CAVALO	TAMPA
LIMPO	LÂMPADA	VASSOURA	POMBA

C) O QUE VOCÊ PERCEBEU? CONVERSE COM OS COLEGAS.

A LETRA **M** DEPOIS DE LETRA VOGAL SÓ APARECE NO FINAL DAS PALAVRAS OU ANTES DAS LETRAS **P** E **B**.

12 CONVITE

PARA INICIAR

É MUITO BOM SER CONVIDADO PARA UMA FESTA!
E AINDA MELHOR QUANDO RECEBEMOS UM CONVITE
FEITO COM CAPRICHO.

VEJA COMO **NOÉ** FEZ UM CARTÃO PARA O ANIVERSÁRIO DELE.

MATERIAL

- PEDAÇOS DE PAPEL DE CORES DIFERENTES
- COLA EM BASTÃO, TESOURA COM PONTAS ARREDONDADAS, LÁPIS DE COR

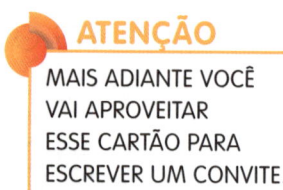

ATENÇÃO

MAIS ADIANTE VOCÊ
VAI APROVEITAR
ESSE CARTÃO PARA
ESCREVER UM CONVITE.

MODO DE FAZER

1. DESENHE O CONTORNO DO CARTÃO NOS PAPÉIS COMO NO MODELO. RECORTE E COLE.

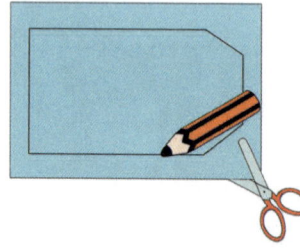

2. FAÇA UM DESENHO PARA O CARTÃO FICAR BONITO.

3. CRIE DECORAÇÕES E USE SUA CRIATIVIDADE!

VOCÊ JÁ RECEBEU CONVITES PARA ANIVERSÁRIOS?

O QUE NÃO PODE FALTAR EM UM CONVITE?

AGORA, VEJA O CONVITE QUE **NOÉ** FEZ EM SEU COMPUTADOR E DISTRIBUIU AOS COLEGAS.

LEITURA: CONVITE

QUERIDO AMIGO <u>*Mário*</u>,

CONVIDO VOCÊ PARA A MINHA FESTA DE ANIVERSÁRIO.

DIA: 9 DE NOVEMBRO

HORÁRIO: 5 HORAS DA TARDE

LOCAL: RUA DAS BANANEIRAS, 90

ESPERO VOCÊ!

NOÉ

🍊 INTERPRETAÇÃO DO TEXTO

1 COPIE O NOME DE **QUEM** CONVIDA: _____.

2 O CONVITE É PARA UMA FESTA DE ANIVERSÁRIO. **QUANDO** SERÁ ESSA FESTA? COMPLETE COM OS NÚMEROS.

DIA: _____ DE NOVEMBRO   **HORÁRIO**: _____ HORAS DA TARDE

3 EM QUE **LOCAL** SERÁ A FESTA? CIRCULE O ENDEREÇO NO CONVITE E

COPIE: _____

4 VEJA O CALENDÁRIO DE NOVEMBRO.

2021		NOVEMBRO				
DOMINGO	SEGUNDA	TERÇA	QUARTA	QUINTA	SEXTA	SÁBADO
	1	2	3	4	5	6
7	8	9	10	11	12	13
14	15	16	17	18	19	20
21	22	23	24	25	26	27
28	29	30				

Ilustrações: Silvana Rando/Arquivo da editora

A) LEIA COM OS COLEGAS O NOME DOS DIAS DA SEMANA.

B) CIRCULE O NÚMERO DO DIA DA FESTA.

5 QUEM É O CONVIDADO DA FESTA DE NOÉ? COMPLETE A FRASE.

NOÉ ESCREVEU O CONVITE PARA _____.

6 MARQUE UM **X** DIANTE DO QUE NÃO PODE FALTAR EM UM CONVITE.

☐ QUEM CONVIDA   ☐ VERSOS   ☐ LOCAL

☐ PARA O QUE É O CONVITE   ☐ FOTOS   ☐ FIGURAS

☐ QUEM É CONVIDADO   ☐ DATA E HORA

CALENDÁRIO

1 LEIA COM OS COLEGAS O NOME DOS MESES NESTE CALENDÁRIO.

2021

JANEIRO
DOMINGO	SEGUNDA	TERÇA	QUARTA	QUINTA	SEXTA	SÁBADO
					1	2
3	4	5	6	7	8	9
10	11	12	13	14	15	16
17	18	19	20	21	22	23
24	25	26	27	28	29	30
31						

FEVEREIRO
DOMINGO	SEGUNDA	TERÇA	QUARTA	QUINTA	SEXTA	SÁBADO
	1	2	3	4	5	6
7	8	9	10	11	12	13
14	15	16	17	18	19	20
21	22	23	24	25	26	27
28						

MARÇO
DOMINGO	SEGUNDA	TERÇA	QUARTA	QUINTA	SEXTA	SÁBADO
	1	2	3	4	5	6
7	8	9	10	11	12	13
14	15	16	17	18	19	20
21	22	23	24	25	26	27
28	29	30	31			

ABRIL
DOMINGO	SEGUNDA	TERÇA	QUARTA	QUINTA	SEXTA	SÁBADO
				1	2	3
4	5	6	7	8	9	10
11	12	13	14	15	16	17
18	19	20	21	22	23	24
25	26	27	28	29	30	

MAIO
DOMINGO	SEGUNDA	TERÇA	QUARTA	QUINTA	SEXTA	SÁBADO
						1
2	3	4	5	6	7	8
9	10	11	12	13	14	15
16	17	18	19	20	21	22
23	24	25	26	27	28	29
30	31					

JUNHO
DOMINGO	SEGUNDA	TERÇA	QUARTA	QUINTA	SEXTA	SÁBADO
		1	2	3	4	5
6	7	8	9	10	11	12
13	14	15	16	17	18	19
20	21	22	23	24	25	26
27	28	29	30			

JULHO
DOMINGO	SEGUNDA	TERÇA	QUARTA	QUINTA	SEXTA	SÁBADO
				1	2	3
4	5	6	7	8	9	10
11	12	13	14	15	16	17
18	19	20	21	22	23	24
25	26	27	28	29	30	31

AGOSTO
DOMINGO	SEGUNDA	TERÇA	QUARTA	QUINTA	SEXTA	SÁBADO
1	2	3	4	5	6	7
8	9	10	11	12	13	14
15	16	17	18	19	20	21
22	23	24	25	26	27	28
29	30	31				

SETEMBRO
DOMINGO	SEGUNDA	TERÇA	QUARTA	QUINTA	SEXTA	SÁBADO
			1	2	3	4
5	6	7	8	9	10	11
12	13	14	15	16	17	18
19	20	21	22	23	24	25
26	27	28	29	30		

OUTUBRO
DOMINGO	SEGUNDA	TERÇA	QUARTA	QUINTA	SEXTA	SÁBADO
					1	2
3	4	5	6	7	8	9
10	11	12	13	14	15	16
17	18	19	20	21	22	23
24	25	26	27	28	29	30
31						

NOVEMBRO
DOMINGO	SEGUNDA	TERÇA	QUARTA	QUINTA	SEXTA	SÁBADO
	1	2	3	4	5	6
7	8	9	10	11	12	13
14	15	16	17	18	19	20
21	22	23	24	25	26	27
28	29	30				

DEZEMBRO
DOMINGO	SEGUNDA	TERÇA	QUARTA	QUINTA	SEXTA	SÁBADO
			1	2	3	4
5	6	7	8	9	10	11
12	13	14	15	16	17	18
19	20	21	22	23	24	25
26	27	28	29	30	31	

UNIDADE 12

2 AGORA, FAÇA O QUE SE PEDE.

A) CONTE O NÚMERO DE MESES. ESCREVA AQUI: _____ .

B) MARQUE UM **X** NOS MESES DAS FÉRIAS ESCOLARES.

C) CIRCULE DE **VERMELHO** O MÊS DO NATAL.

D) CIRCULE DE **AZUL** O MÊS DO SEU ANIVERSÁRIO. PINTE O DIA.

AGENDA

● UMA **AGENDA** SERVE PARA ESCREVER TUDO O QUE QUEREMOS LEMBRAR EM DETERMINADA DATA. POR ISSO, COSTUMA TER UMA PÁGINA PARA CADA DIA DO ANO.
NOÉ TEM UMA AGENDA PARA AJUDÁ-LO A SE LEMBRAR DE SUAS TAREFAS E PLANOS.

A) EM SUA OPINIÃO, O QUE **NOÉ** PODERIA ANOTAR NA AGENDA NO DIA DO ANIVERSÁRIO DELE, PARA TER CERTEZA DE QUE NÃO VAI SE ESQUECER DE NADA IMPORTANTE?

B) ESCREVA A SEGUIR O QUE VOCÊ ACHA QUE **NOÉ** ANOTOU. LEIA PARA OS COLEGAS E OUÇA O QUE ELES ESCREVERAM.

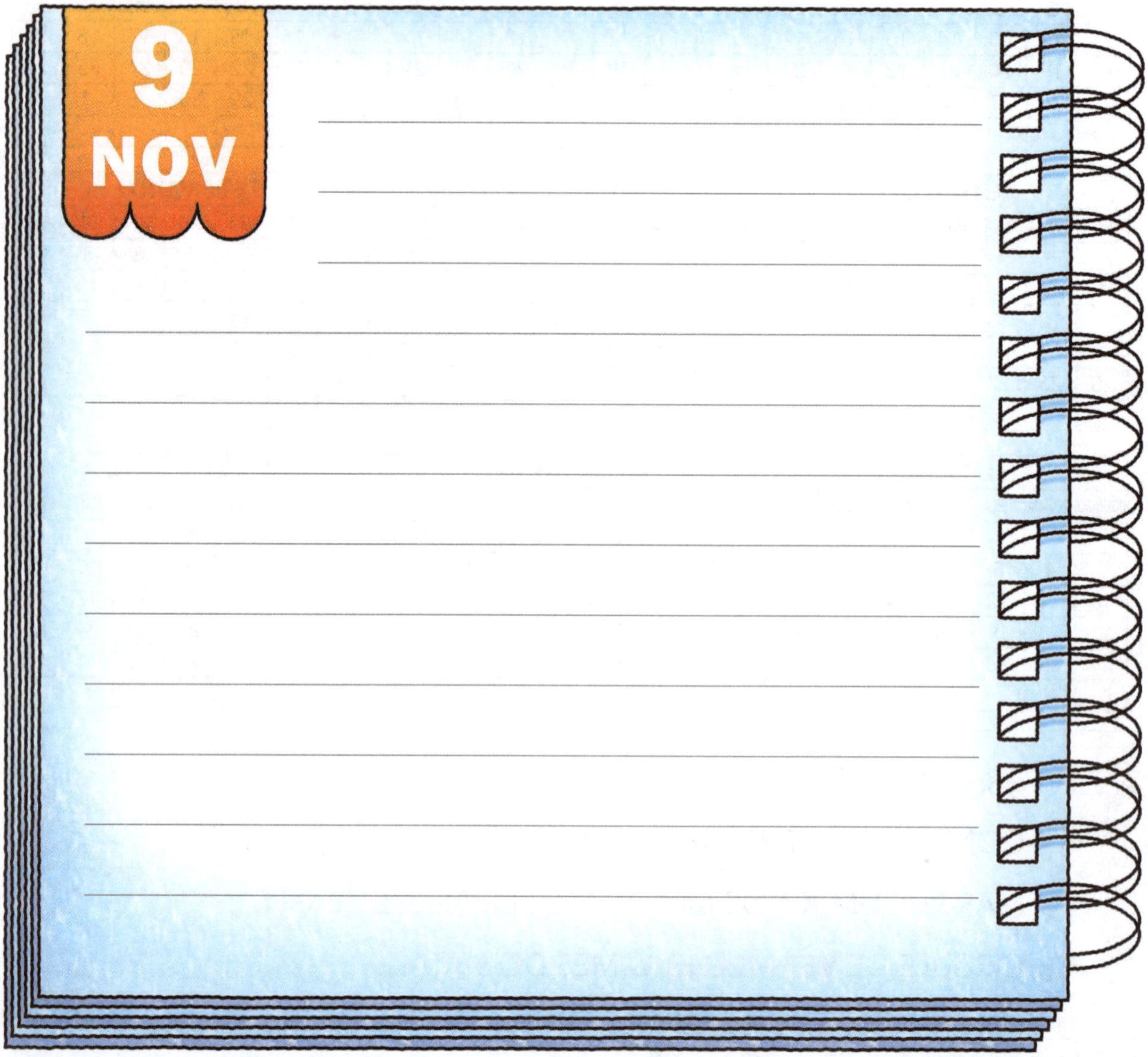

9 NOV

PRÁTICA DE ORALIDADE

CONVITE FALADO

UM DIA DIFERENTE

QUE TAL CONVIDAR SEUS COLEGAS DA TURMA PARA PARTICIPAR DE UMA ATIVIDADE DIVERTIDA? CONTE EM QUE ATIVIDADE PENSOU E OUÇA A IDEIA DE SEUS COLEGAS. NÃO SE ESQUEÇA DE FALAR **PARA O QUE** VOCÊ ESTÁ FAZENDO O CONVITE E QUAL SERÁ A **DATA**, O **HORÁRIO** E O **LOCAL**.

PRODUÇÃO DE TEXTO

CONVITE

QUE TAL CRIAR O CONVITE PARA A FESTA DE SEU ANIVERSÁRIO?

PLANEJAMENTO

RELEMBRE AS INFORMAÇÕES QUE NÃO PODEM FALTAR:

- PARA QUE EVENTO É O CONVITE;
- PARA QUEM ELE SERÁ ENVIADO (NOME DO CONVIDADO);
- DATA, LOCAL E HORÁRIO DO EVENTO;
- SEU NOME.

ESCRITA

FAÇA O RASCUNHO DO TEXTO DO CONVITE NO CADERNO.

REVISÃO E REESCRITA

1. RELEIA O QUE ESCREVEU PARA A PROFESSORA, PARA VER SE NADA FOI ESQUECIDO.
2. PASSE O TEXTO A LIMPO NO CARTÃO QUE VOCÊ FEZ NA PÁGINA 190 OU ENTÃO EM UM MODELO DE CARTÃO FEITO NO COMPUTADOR. SE QUISER, USE ESSE CARTÃO-CONVITE EM SEU PRÓXIMO ANIVERSÁRIO.

 # PALAVRAS EM JOGO

LETRA N

1 PINTE A PALAVRA QUE TEM TODAS AS LETRAS DO NOME **NOÉ**.

NEVE	NOVELA	NAIR

2 PINTE O QUADRO EM QUE ESTÁ ESCRITA A PALAVRA CORRESPONDENTE A CADA IMAGEM.

NUVA	NIVE	NOVE

BANEIRA	BANANEIRA	BANENAIRA

NOITE	NITE	NIOTE

Ilustrações: Silvana Rando/ Arquivo da editora

3 RECITE O ALFABETO DE MEMÓRIA E COLOQUE AS LETRAS QUE COMPLETAM A ORDEM ALFABÉTICA DA SEQUÊNCIA A SEGUIR.

_____ L _____ _____ _____ P

4 CIRCULE A SÍLABA EM QUE A LETRA **N** APARECE.

número

BONÉ

caneca

Imagens: Reprodução/ Arquivo da editora

5 LIGUE AS LETRAS USANDO CORES:

- **VERMELHO**: PARA LIGAR AS LETRAS MAIÚSCULAS.

- **AZUL**: PARA LIGAR AS LETRAS MINÚSCULAS.

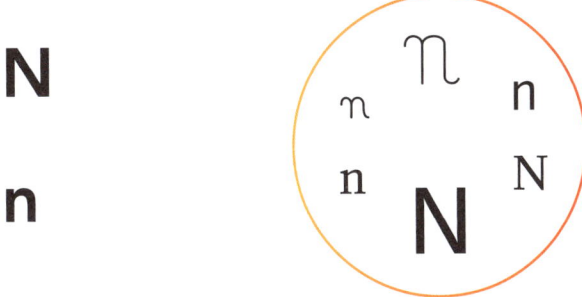

6 NA PÁGINA 40 DO **CADERNO DE ATIVIDADES**, LEIA A QUADRINHA E TRACE A LETRA N.

ATIVIDADES

1 **NOMES.** O CONVITE QUE VOCÊ LEU FOI FEITO POR **NOÉ**.
VOCÊ CONHECE OUTROS NOMES DE PESSOAS QUE COMEÇAM COM A LETRA N?
ESCREVA 2 NOMES E DEPOIS AJUDE A PROFESSORA A FAZER UMA LISTA COM AS SUGESTÕES DE TODA A TURMA.

_____

_____

2 MARQUE UM **X** NAS FIGURAS QUE TÊM O NOME INICIADO PELA LETRA N.

Ilustrações: Silvana Rando/ Arquivo da editora

3 **DITADO.** PINTE AS PALAVRAS QUE A PROFESSORA DITAR.

NÓ	NOVE	NOITE
NADA	NEI	NOIVO
NENÊ	NOÉ	NOVELA

4 VEJA AS FIGURAS E LEIA AS PALAVRAS.

Ilustrações: Silvana Rando/ Arquivo da editora

| NOTA | NINHO | NAVIO |

A) COMPLETE O TEXTO COM AS PALAVRAS ADEQUADAS.

NARA VIAJOU DE _____.

ELA TEVE SORTE PORQUE ACHOU UMA _____ DE 2 REAIS.

B) QUAL PALAVRA VOCÊ NÃO USOU? _____.

5 **NOÉ** FEZ UMA LISTA DO QUE FALTA PARA A FESTA DELE. DESCUBRA AS PALAVRAS DA LISTA ESCREVENDO AS SÍLABAS QUE FALTAM.

CA _____ _____

GE _____ _____ _____

Ilustrações: Silvana Rando/ Arquivo da editora

LI _____ _____ _____

6 SEPARE AS PALAVRAS DA FRASE COM TRAÇOS.

NOÉDEUUMCONVITEPARALINA.

7 O QUE HAVIA PARA COMER NA FESTA DE **NOÉ**? DESCUBRA JUNTANDO AS SÍLABAS.
RISQUE AS SÍLABAS QUE USAR. VOCÊ PODE UTILIZAR O SILABÁRIO PARA MONTAR AS PALAVRAS ANTES DE ESCREVÊ-LAS.

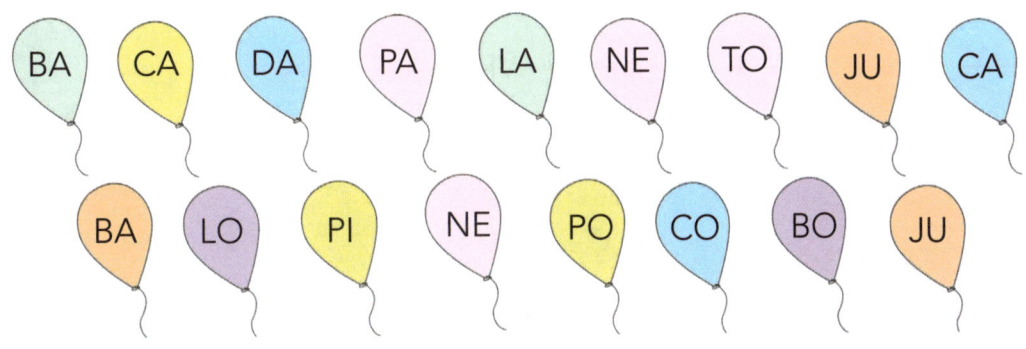

_____

_____

8 **NOÉ** QUER CONVIDAR VÁRIOS AMIGOS PARA O ANIVERSÁRIO DELE. AJUDE-O A ORGANIZAR UMA LISTA COM OS NOMES, COPIANDO-OS EM ORDEM ALFABÉTICA. CIRCULE NO ALFABETO AS LETRAS QUE INICIAM O NOME DE CADA CONVIDADO.

MARIANA	PAULO	JOÃO
BIA	DANIELA	VERA

ATENÇÃO
EM CASO DE DÚVIDA, CONSULTE O ALFABETO ABAIXO.

A	B	C	D	E	F	G	H	I	J	K	L	M
N	O	P	Q	R	S	T	U	V	W	X	Y	Z

1. _____ 4. _____

2. _____ 5. _____

3. _____ 6. _____

LETRA N

NOÉ CONTOU AOS AMIGOS A HISTÓRIA DA LETRA N. AGORA A PROFESSORA VAI CONTÁ-LA A VOCÊS!

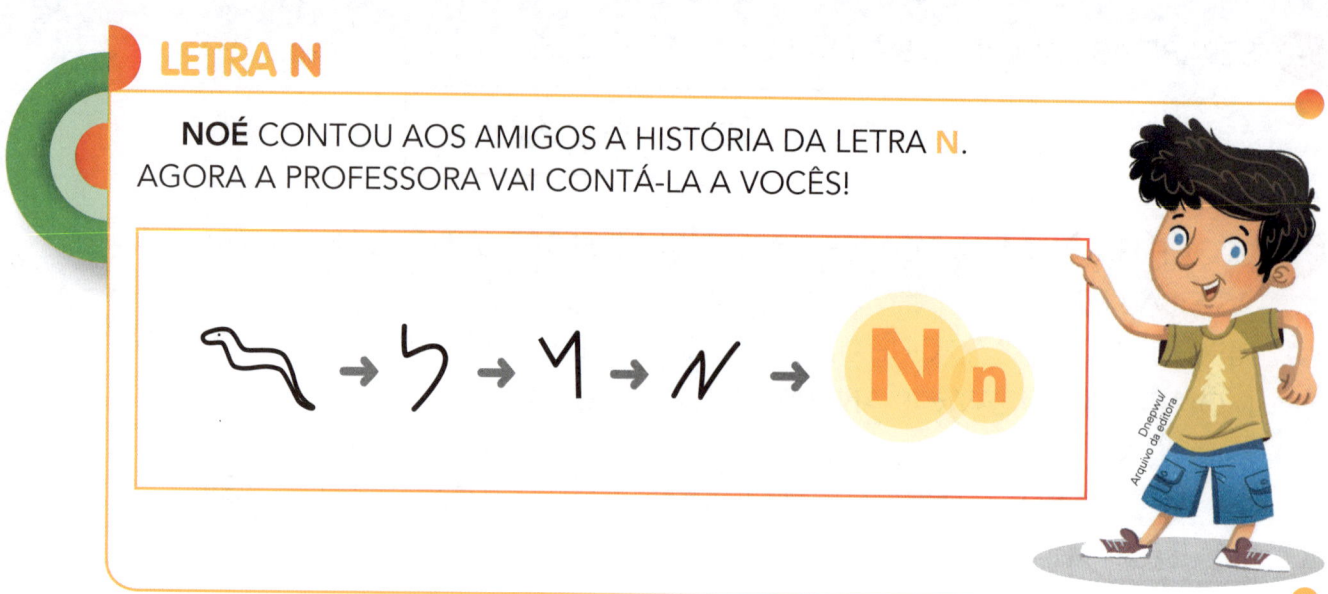

PESQUISA

1. EM JORNAIS E REVISTAS, PESQUISE 5 PALAVRAS QUE COMECEM COM A LETRA N. RECORTE AS PALAVRAS E COLE-AS NO CADERNO.

2. ESCOLHAM, DAS PALAVRAS QUE CADA UM TROUXE, ALGUMAS PARA MONTAR UMA LISTA. TREINEM A LEITURA DA LISTA, SEGUINDO AS ORIENTAÇÕES DA PROFESSORA.

MEMÓRIA EM JOGO

LEIA COM A PROFESSORA E TREINE PARA FALAR BEM RÁPIDO. PROCURE RECITAR DE MEMÓRIA.

[...]
O NAVIO DE NATÁLIA
NAVEGA EM NUVENS NEGRAS
PARA AS NAÇÕES DO NORTE.

BARTOLOMEU CAMPOS DE QUEIRÓS. **DE LETRA EM LETRA**.
SÃO PAULO: MODERNA, 2014. P. 18.

ESCREVA NA PÁGINA 40 DO **CADERNO DE ATIVIDADES** O QUE VOCÊ MEMORIZOU.

MESMA LETRA, OUTRO SOM

LETRA N E NASALIZAÇÃO DA VOGAL

ATIVIDADE ORAL E ESCRITA

1 LEIAM JUNTOS O PAR DE PALAVRAS A SEGUIR.
DEPOIS, CONVERSEM: O QUE VOCÊS OBSERVARAM?

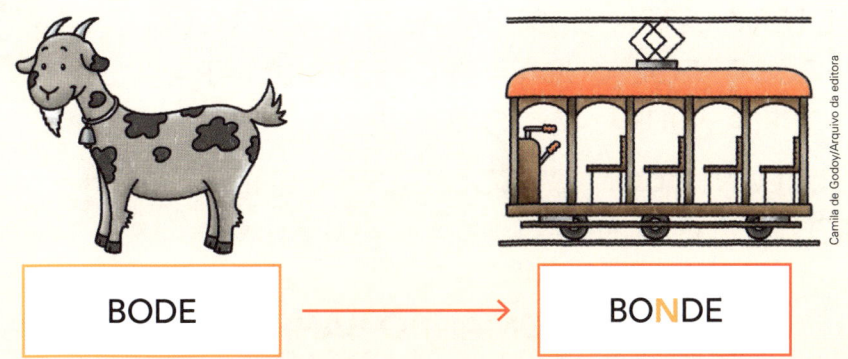

Camila de Godoy/Arquivo da editora

| BODE | ⟶ | BONDE |

2 AGORA, LEIAM PALAVRAS **COM** A LETRA **N** E DEPOIS **SEM** ESSA
LETRA E CONVERSEM SOBRE O QUE ACONTECEU COM ELAS.

CONTA	⟶	COTA
LINDO	⟶	LIDO
NUNCA	⟶	NUCA
CANTO	⟶	CATO

3 VEJA ESTAS OUTRAS PALAVRAS. CIRCULE A SÍLABA EM QUE A LETRA
N APARECE E FALE O QUE VOCÊ OBSERVOU.

| PONTA | CONVITE | LARANJA |
| MERENDA | CANJA | LONGE |

13 · CARTAZ DE CAMPANHA

PARA INICIAR

HELENA TROUXE A LETRA DE UMA CANÇÃO DE QUE GOSTA MUITO.

Dnepwu/Arquivo da editora

● TENTE LER A LETRA: OBSERVE AS PALAVRAS QUE CONHECE E PEÇA AJUDA À PROFESSORA PARA LER AQUELAS QUE NÃO CONHECE.

DEPOIS, CANTE COM OS COLEGAS FAZENDO GESTOS E DIVIRTA-SE.

RATINHO TOMANDO BANHO

TCHAU PREGUIÇA, TCHAU SUJEIRA,

ADEUS CHEIRINHO DE SUOR

LAVA, LAVA, LAVA

UMA ORELHA, UMA ORELHA

OUTRA ORELHA, OUTRA ORELHA

LAVA, LAVA, LAVA

LAVA A TESTA, A BOCHECHA,

LAVA O QUEIXO, LAVA A COXA

E LAVA ATÉ MEU PÉ,

MEU QUERIDO PÉ

QUE ME AGUENTA O DIA INTEIRO

E O MEU NARIZ,

MEU PESCOÇO, MEU TÓRAX,

O MEU BUMBUM E TAMBÉM O FAZEDOR DE XIXI

[...]

HÉLIO ZISKIND. IN: **MEU PÉ, MEU QUERIDO PÉ**.
SÃO PAULO: MCD, 2005. 1 CD. FAIXA 1.

Silvana Rando/Arquivo da editora

HELENA GANHOU ESTE CARTAZ DE CAMPANHA NO POSTO DE SAÚDE E O ACHOU TÃO IMPORTANTE QUE TROUXE PARA A SALA DE AULA. POR QUE SERÁ QUE ESSE CARTAZ É IMPORTANTE?

TENTE DESCOBRIR OBSERVANDO O CARTAZ. DEPOIS, ACOMPANHE A LEITURA COM A PROFESSORA.

LEITURA: CARTAZ DE CAMPANHA

MAURICIO DE SOUSA. **ALMANAQUE TURMA DA MÔNICA:** HISTORINHAS DE DUAS PÁGINAS, N. 9, 2014.

INTERPRETAÇÃO DO TEXTO

1 COPIE DO CARTAZ A PALAVRA QUE APARECE EM DESTAQUE NA COR

VERMELHA: _____.

2 LIGUE CADA **CUIDADO DE HIGIENE** À IMAGEM CORRESPONDENTE.

| LAVAR AS MÃOS. | ESCOVAR OS DENTES. | TOMAR BANHO. |

3 PINTE OS SIGNIFICADOS QUE A PALAVRA **HIGIENE** TEM NO CARTAZ.

| DOENÇA | LIMPEZA | CUIDADOS | SAÚDE |

4 MARQUE UM **X** NO ☐ COM A RESPOSTA CORRETA.

A) O CARTAZ QUER CHAMAR A ATENÇÃO DE:

☐ ADULTOS.   ☐ CRIANÇAS.   ☐ JOVENS.

B) O CARTAZ TEM A **INTENÇÃO** DE:

☐ MOSTRAR CUIDADOS COM A HIGIENE.

☐ DEIXAR OS LEITORES COM MEDO.

☐ APRESENTAR A PERSONAGEM MÔNICA.

Ilustrações: Camila de Godoy/Arquivo da editora

5 OS CARTAZES DE CAMPANHA COSTUMAM TRAZER UMA FRASE CURTA, FÁCIL DE SER LEMBRADA: É O **SLOGAN**.
CIRCULE NO CARTAZ A FRASE QUE É O *SLOGAN* DESSA CAMPANHA DE CONSCIENTIZAÇÃO.

6 AGORA VOCÊ JÁ SABE POR QUE ESSE CARTAZ É IMPORTANTE.
PINTE A FRASE QUE COMPLETA MELHOR O TEXTO A SEGUIR.

- O CARTAZ FAZ PARTE DE UMA CAMPANHA DE CONSCIENTIZAÇÃO SOBRE OS CUIDADOS COM A HIGIENE. ISSO É IMPORTANTE PORQUE...

  ☐ TORNA AS PESSOAS MAIS ALEGRES.

  ☐ AJUDA A MANTER A SAÚDE.

  ☐ SÓ EVITA DOENÇAS MUITO GRAVES.

PRÁTICA DE ORALIDADE

CONVERSA EM JOGO

HIGIENE É SAÚDE!

RELEIA A ÚLTIMA FRASE DO CARTAZ DA PÁGINA ANTERIOR.

> Pequenos cuidados fazem muita diferença!

PARA VOCÊ, QUAIS SÃO OS PEQUENOS CUIDADOS COM A HIGIENE QUE PODEM FAZER A DIFERENÇA?

ESPERE SUA VEZ E FALE O QUE VOCÊ PENSA.

OUÇA COM ATENÇÃO O QUE OS COLEGAS TÊM A DIZER.

PRODUÇÃO DE TEXTO

CARTAZ DE CAMPANHA

VOCÊ E UM COLEGA VÃO CRIAR CARTAZES QUE FARÃO PARTE DE UMA CAMPANHA NA ESCOLA PARA PROMOVER **HÁBITOS SAUDÁVEIS**.

PLANEJAMENTO

1. ESCOLHAM UM DESTES **ASSUNTOS** PARA O CARTAZ DA CAMPANHA:

> 1. ALIMENTAÇÃO SAUDÁVEL; 2. ATIVIDADE FÍSICA;
> 3. CONVIVÊNCIA SOCIAL; 4. BRINCADEIRAS

2. DEPOIS, COM A AJUDA DA PROFESSORA, DECIDAM:

- **PARA QUEM** SERÁ DIRIGIDA A CAMPANHA;
- O **LOCAL** EM QUE O CARTAZ SERÁ EXPOSTO;
- **QUANTO TEMPO** VAI DURAR A CAMPANHA.

ESCRITA E EDIÇÃO DO TEXTO

1. REÚNAM MATERIAL: FOLHA DE PAPEL PARDO, TESOURA COM PONTAS ARREDONDADAS, COLA, REVISTAS, LÁPIS DE COR.

2. RECORTEM DAS REVISTAS IMAGENS E PALAVRAS SOBRE O **ASSUNTO** ESCOLHIDO.

3. CRIEM O *SLOGAN* E PENSEM EM QUE LUGAR DO CARTAZ ELE PODERÁ CHAMAR MAIS A ATENÇÃO DOS LEITORES.

4. DISTRIBUAM AS IMAGENS E AS PALAVRAS NO CARTAZ E VEJAM SE PRODUZEM O EFEITO DESEJADO.

REVISÃO E EXPOSIÇÃO

1. COM A AJUDA DA PROFESSORA, FAÇAM A **REVISÃO** DOS CARTAZES PARA MELHORAR O QUE FOR PRECISO.

2. **EXPONHAM** OS CARTAZES NA SALA DE AULA E NOS LOCAIS DEFINIDOS DURANTE O PLANEJAMENTO, DE ACORDO COM ORIENTAÇÕES DA PROFESSORA.

PALAVRAS EM JOGO

LETRA H

1 OUÇA A LEITURA DA PROFESSORA E REPITA EM VOZ ALTA.

HELENA	HIGIENE

COMPLETE.

A) AS 2 PALAVRAS COMEÇAM COM A LETRA _____.

B) AS LETRAS QUE APARECEM LOGO DEPOIS DA LETRA H SÃO

A LETRA _____ E A LETRA _____.

2 PINTE O ☐ DE ACORDO COM O QUE VOCÊ PERCEBEU AO FALAR AS PALAVRAS **HELENA** E **HIGIENE**.

☐ NESSAS PALAVRAS A LETRA H NÃO REPRESENTA UM SOM.

☐ NO INÍCIO DAS PALAVRAS FOI OUVIDO O SOM DO **E** E DO **I**.

☐ O SOM OUVIDO NO INÍCIO DAS PALAVRAS FOI O DA LETRA H.

3 COM A PROFESSORA, REGISTREM NA LOUSA O QUE VOCÊS PERCEBERAM SOBRE A LETRA H EM INÍCIO DE PALAVRAS.

4 RECITE O ALFABETO DE MEMÓRIA.
EM SEGUIDA, COMPLETE A SEQUÊNCIA COM AS LETRAS QUE VÊM ANTES E DEPOIS.

_____ C _____	_____ F _____
_____ I _____	_____ L _____
_____ O _____	_____ R _____

5 LIGUE AS LETRAS USANDO CORES:

- **VERMELHO**: PARA LIGAR AS LETRAS MAIÚSCULAS.
- **AZUL**: PARA LIGAR AS LETRAS MINÚSCULAS.

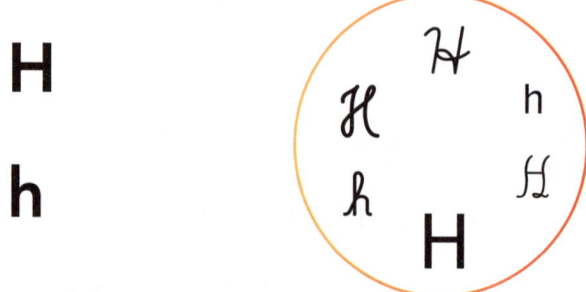

6 AGORA TRACE A LETRA H NA PÁGINA 41 DO **CADERNO DE ATIVIDADES**.

7 CIRCULE A SÍLABA COM A LETRA **H** NAS PALAVRAS.

hino   **hora**

Hoje   **HIPOPÓTAMOS**

ATIVIDADES

1 OBSERVE AS FIGURAS.

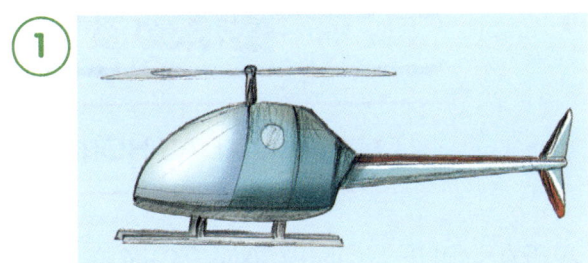

1

3

Ilustrações: Silvana Rando/Arquivo da editora

2

4

LEIA AS PALAVRAS ABAIXO E ESCREVA NOS ☐ O NÚMERO DA FIGURA QUE CORRESPONDE A CADA PALAVRA.

☐ HOTEL

☐ HIPOPÓTAMO

☐ HOMEM

☐ HELICÓPTERO

2 VEJA ESTAS 2 CAPAS DE GIBIS E LEIA AS PALAVRAS DOS QUADROS.

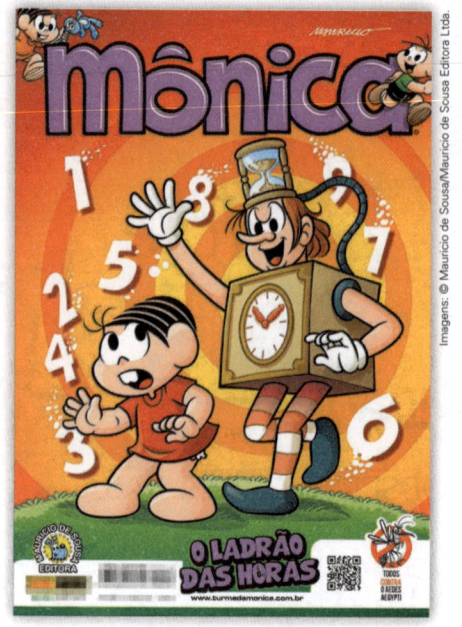

O CIRCO DOS HORRORES

O LADRÃO DAS HORAS

CIRCULE NOS QUADROS AS PALAVRAS QUE COMEÇAM COM A LETRA **H**.

3 **QUADRO DE PALAVRAS ESCONDIDAS.**

A) DESCUBRA PALAVRAS QUE COMEÇAM COM A LETRA **H** E CIRCULE-AS.

H	Á	L	I	T	O	T	G	H	L	N
I	Y	H	R	D	P	N	J	O	P	T
N	S	U	X	C	A	A	U	M	Q	B
O	Y	G	X	U	H	O	J	E	P	D
V	M	O	H	O	R	A	T	M	S	R

B) COPIE NAS LINHAS A SEGUIR AS PALAVRAS QUE VOCÊ DESCOBRIU.

_____

_____

_____

4 **NOMES.** VOCÊ JÁ JOGOU XADREZ? LEIA A HISTÓRIA E CONHEÇA 2 MENINOS QUE GOSTAM MUITO DESSE JOGO!

MAURICIO DE SOUSA. **ALMANAQUE DA MAGALI.** SÃO PAULO: MAURICIO DE SOUSA EDITORA, N. 56. P. 57.

A) CONVERSEM: POR QUE OS MENINOS PEDIRAM EMPRESTADA A BLUSA DO COLEGA?

DEPOIS, REGISTREM A RESPOSTA.

_____

_____

_____

_____

_____

B) COPIE O NOME DO MENINO DE BLUSA XADREZ.

_____

C) ESCREVA 3 NOMES DE PESSOAS INICIADOS PELA LETRA **H**.

_____

_____

_____

D) FALE PARA A PROFESSORA OS NOMES QUE VOCÊ ESCREVEU E, COM OS COLEGAS, FAÇA UMA LISTA DOS NOMES SUGERIDOS POR TODOS.

_____

_____

_____

_____

_____

_____

_____

_____

LETRA H

HELENA QUER SABER COMO SURGIU A LETRA **H**!
O QUE LEMBRA ESSA LETRA? OUÇA O QUE A PROFESSORA VAI CONTAR.

Dnepwu/Arquivo da editora

PESQUISA

1. EM JORNAIS E REVISTAS, PESQUISE 3 PALAVRAS COM A LETRA **H**. RECORTE ESSAS PALAVRAS E COLE-AS NO CADERNO.

2. DITE ESSAS PALAVRAS PARA A PROFESSORA, QUE AS ESCREVERÁ NA LOUSA.

3. OBSERVE AS PALAVRAS QUE OS COLEGAS TROUXERAM E TENTE LER AQUELAS QUE VOCÊ JÁ CONHECE.

MEMÓRIA EM JOGO

VOCÊS SABEM O QUE É HORTELÃ?
FALEM O QUE CONHECEM SOBRE ESSA PLANTA.
LEIAM JUNTOS, EM VOZ ALTA, O POEMA A SEGUIR.

DESTA ERVA COM **H**
EU CONFESSO QUE SOU FÃ:
FAÇO CHÁ, FAÇO PATÊ,
MAS QUE ENCANTO É HORTELÃ.

SE EU BATER COM UMA FRUTA
DEIXO O SUCO MAIS PERFEITO,
SE DÁ BEM QUEM COME SEMPRE
HORTELÃ DE TODO JEITO.

CÉSAR OBEID.
ABECEDÁRIO DE AROMAS. SÃO PAULO:
EDITORA DO BRASIL, 2017. P. 27.

Camila de Godoy/Arquivo da editora

ESCOLHA UMA DAS ESTROFES PARA MEMORIZAR E DEPOIS REGISTRAR COMO SOUBER NA PÁGINA 41 DO **CADERNO DE ATIVIDADES**.

DUAS LETRAS, UM SOM: NH

1 LEIA O POEMA COM A PROFESSORA.

A CEGONHA

SE NÃO TRAZ MAIS CRIANÇAS PELO BICO,

PARA QUE SERVE A CEGONHA?

FALO ISSO PARA ELA,

E ELA MORRE DE VERGONHA.

ARISTIDES TORRES FILHO. **BICHOS DIVERSOS**.
SÃO PAULO: SCIPIONE, 2004.

ARISTIDES

BICHOS
DIVERSOS
Aristides Torres Filho
Ilustrações de Fê

editora scipione

Reprodução/Editora Scipione

Ilustrações: Silvana Rando/Arquivo da editora

2 FALE AS PALAVRAS EM VOZ ALTA E OBSERVE O SOM PRODUZIDO
PELAS LETRAS **NH** JUNTAS.

CEGO**NH**A

VERGO**NH**A

CONTE PARA OS COLEGAS O QUE VOCÊ PERCEBEU.

3 LEIA O PAR DE PALAVRAS E FAÇA COMO NO EXEMPLO.

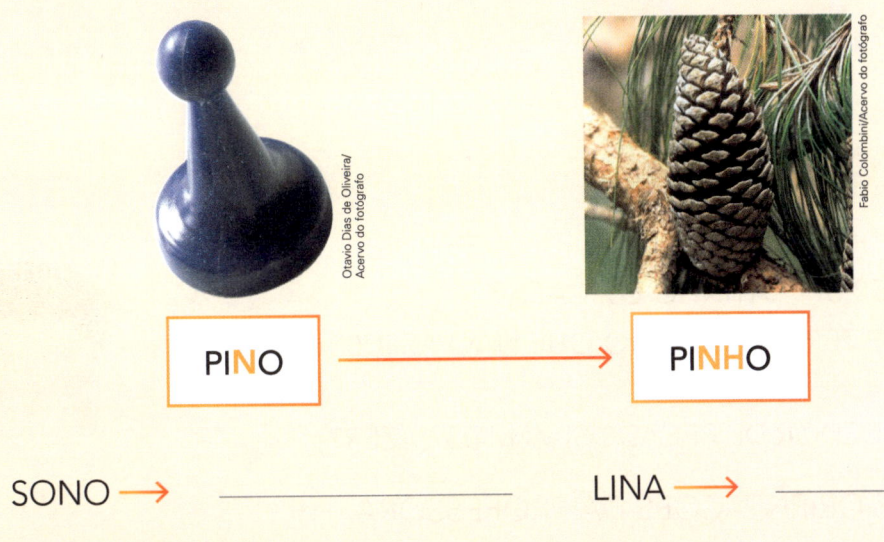

Otavio Dias de Oliveira/ Acervo do fotógrafo

Fabio Colombini/Acervo do fotógrafo

PINO $\longrightarrow$ PINHO

SONO $\longrightarrow$ _____   LINA $\longrightarrow$ _____

MINA $\longrightarrow$ _____   PENA $\longrightarrow$ _____

NINO $\longrightarrow$ _____

4 PROCURE NA LISTA A SEGUIR AS PALAVRAS QUE DÃO NOME ÀS FIGURAS E ESCREVA-AS ABAIXO.

CANELA	CAMINHÃO	PENA	MINHOCA
ARANHA	CANUDO	BANHEIRO	BANHO
MONTANHA	UNHA	BOLINHO	UMA

_____

Ilustrações: Silvana Rando/ Arquivo da editora

_____

5 PESQUISE, EM JORNAIS E REVISTAS, OUTRAS PALAVRAS COM AS LETRAS **NH** JUNTAS E AMPLIE A LISTA. ESCREVA NO CADERNO.

UNIDADE 14

POEMA

PARA INICIAR

RENÊ TEM UM RATINHO.

QUE TAL TER UM RATINHO EM CASA?

VOCÊ PODE TER UM RATINHO QUE NÃO ASSUSTA NINGUÉM.

É UM PRENDEDOR DE RECADOS! VAMOS FAZER?

Dnepwu/Arquivo da editora

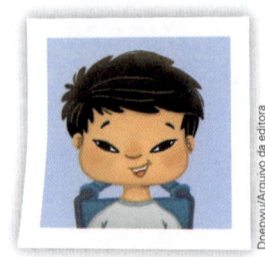

OUÇA AS ORIENTAÇÕES DA PROFESSORA.

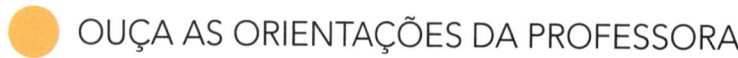

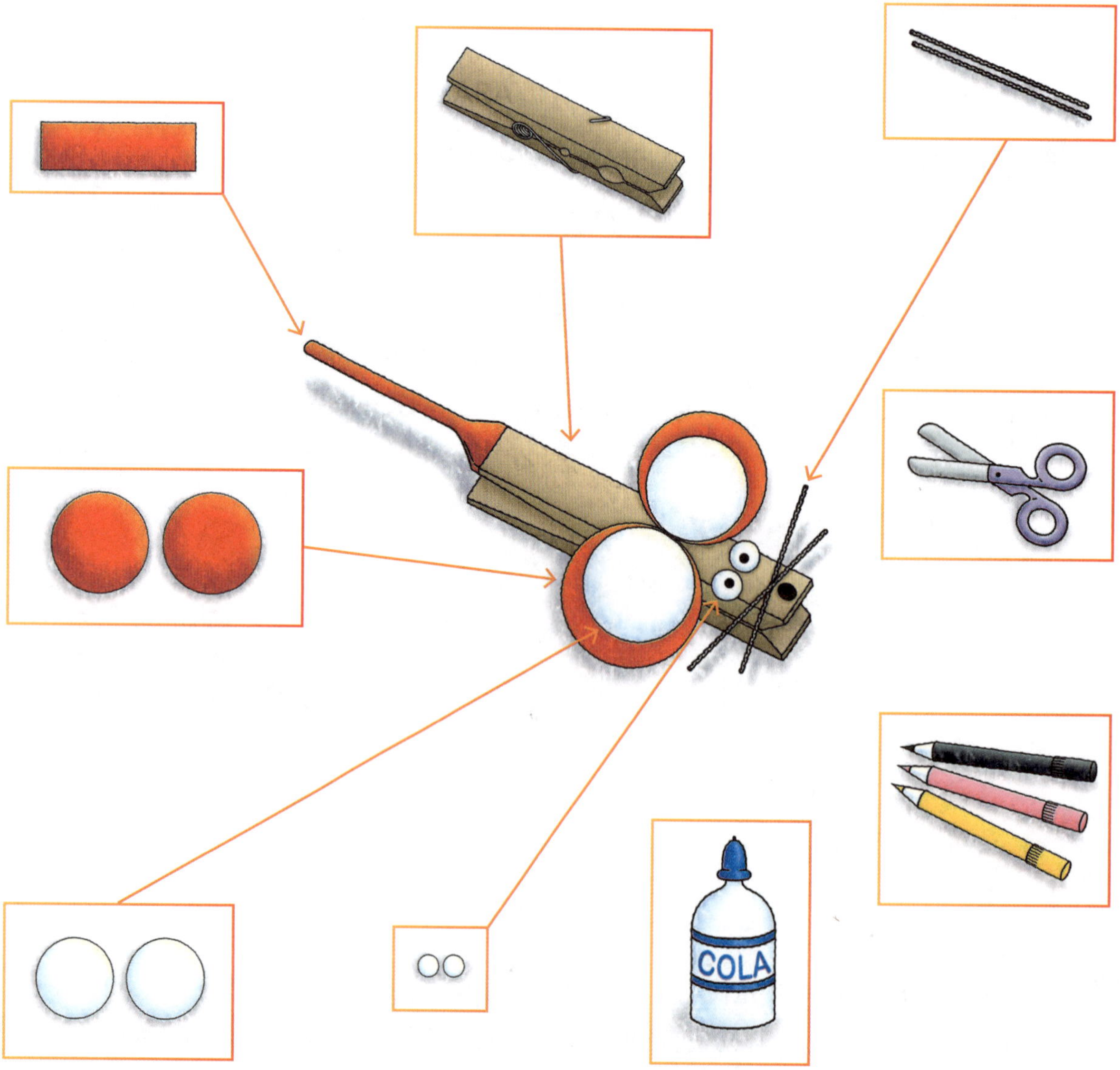

Ilustrações: Camila de Godoy/Arquivo da editora

HÁ BICHOS QUE NÃO PODEM VIVER JUNTOS.

RENÊ TROUXE UM LIVRO COM UM POEMA SOBRE DOIS DELES.

LEIA ABAIXO O TÍTULO DO POEMA PARA SABER QUE BICHOS SÃO ESSES.

DEPOIS, VAMOS LER O POEMA E DESCOBRIR O QUE VAI ACONTECER COM ELES.

LEITURA: POEMA

O GATO E O RATO

O RATO RAJADO RÓI UM BOCADO

DO QUEIJO FURADO.

ESTÁ TÃO DISTRAÍDO QUE NEM VÊ

O GATO PINTADO BEM DO SEU LADO.

O RATINHO CORRE TANTO QUE QUASE

PERDE O CORAÇÃO NO CAMINHO.

MAS CHEGA BEM A TEMPO NO SEU BURACO:

MAIS UM POUQUINHO

E ERA UMA VEZ UM RATO...

ROSEANA MURRAY. **NO MUNDO DA LUA**.
SÃO PAULO: PAULUS, 2011. P. 17.

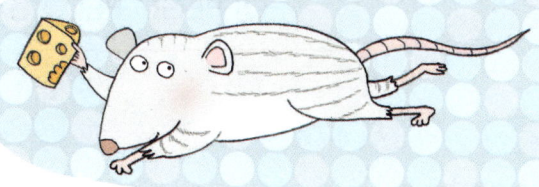

🍊 INTERPRETAÇÃO DO TEXTO

ATIVIDADE ORAL E ESCRITA

1 COM A AJUDA DA PROFESSORA, LEIA O SIGNIFICADO DAS PALAVRAS.

| **PINTADO:** COM PINTAS | **RAJADO:** COM LISTRAS |

PINTE O GATO E O RATO DE ACORDO COM O QUE DIZ O POEMA.

Silvana Rando/Arquivo da editora

2 LIGUE **O RATO** ÀS RESPOSTAS CORRETAS.

Silvana Rando/ Arquivo da editora

O RATO

NÃO VIU O GATO.

FUGIU PARA O BURACO.

FOI PEGO PELO GATO.

3 LEIA EM VOZ ALTA O VERSO.

O RATO RAJADO RÓI UM BOCADO

👥 CONVERSE COM OS COLEGAS:

A) QUAL É O SOM QUE SE REPETE NO INÍCIO DA MAIORIA DAS PALAVRAS DESSE VERSO?

B) QUE SENSAÇÃO ESSA REPETIÇÃO FAZ VOCÊS SENTIREM?

4 MUITAS VEZES, EM UM POEMA HÁ PALAVRAS QUE RIMAM, QUE COMBINAM.

A) PINTE AS PALAVRAS QUE RIMAM NOS VERSOS ABAIXO.

> O RATO RAJADO RÓI UM BOCADO
> DO QUEIJO FURADO.

B) COPIE AS PALAVRAS QUE VOCÊ PINTOU.

_____	_____	_____

C) QUANTOS VERSOS TEM ESSE POEMA? _____

5 RECORTE AS FRASES DA PÁGINA 301. LEIA CADA UMA DELAS. COLOQUE AS FRASES NA ORDEM EM QUE AS SITUAÇÕES ACONTECEM NO POEMA. EM SEGUIDA, COLE-AS NOS ☐ ABAIXO.

6 RELEIAM:

> MAIS UM POUQUINHO
> E ERA UMA VEZ UM RATO...

CONVERSEM: O QUE ISSO SIGNIFICA?

7 NO POEMA QUE JUNTOU GATO E RATO, O QUE ACONTECEU COM ELES NO FINAL? FALE PARA OS COLEGAS.

8 DESENHE O FINAL DA HISTÓRIA.

9 ESCOLHA A PARTE DO POEMA QUE VOCÊ QUER LER EM VOZ ALTA. OUÇA OS COLEGAS E AGUARDE SUA VEZ DE LER.

10 CHEGOU SUA VEZ DE PESQUISAR UM POEMA SOBRE GATOS OU RATOS E COMPARTILHAR COM OS AMIGOS. SE PRECISAR DE AJUDA, CONVERSE COM A PROFESSORA.

🍊 PRÁTICA DE ORALIDADE

CONVERSA EM JOGO

SUSTOS...

RELEIA ESTES VERSOS COM A AJUDA DA PROFESSORA.

> O RATINHO CORRE TANTO QUE QUASE PERDE O CORAÇÃO NO CAMINHO.

Silvana Rando/Arquivo da editora

O QUE QUER DIZER "QUASE PERDE O CORAÇÃO"?
VOCÊ JÁ PASSOU POR UMA SITUAÇÃO EM QUE TEVE DE CORRER TANTO QUE QUASE "PERDEU O CORAÇÃO"? CONTE COMO FOI E OUÇA OS COLEGAS.

PRODUÇÃO DE TEXTO

RECONTO

 VAMOS ESCREVER O POEMA "O GATO E O RATO" DE OUTRO JEITO.

PLANEJAMENTO E ESCRITA

1. SE VOCÊS TIVESSEM DE ESCREVER ESSA HISTÓRIA PARA UM AMIGO, COMO A CONTARIAM COM SUAS PALAVRAS?

2. OUÇAM A ORIENTAÇÃO DA PROFESSORA E, DEPOIS, REGISTREM A HISTÓRIA NO QUADRO.

REVISÃO

RELEIAM COM A PROFESSORA O REGISTRO DO TEXTO, VERIFICANDO SE ELE FICOU DE ACORDO COM O POEMA.

AÍ VEM... POEMA

ACOMPANHE A LEITURA QUE A PROFESSORA VAI FAZER DOS VERSOS A SEGUIR E TENTE LER AS PALAVRAS QUE VOCÊ JÁ CONHECE.

PÉ DE PILÃO

O PATO GANHOU SAPATO,
FOI LOGO TIRAR RETRATO.

O MACACO RETRATISTA
ERA MESMO UM GRANDE ARTISTA.

DISSE AO PATO: "NÃO SE MEXA
PARA DEPOIS NÃO TER QUEIXA."

E O PATO, DURO E SEM GRAÇA
COMO SE FOSSE DE MASSA!

"OLHE PRA CÁ DIREITINHO:
VAI SAIR UM PASSARINHO."

O PASSARINHO SAIU,
BICHO ASSIM NUNCA SE VIU.

COM TRÊS PENAS NO TOPETE
E NO RABO APENAS SETE.

E COMO ENFEITE ELE TINHA
UM GUIZO EM CADA PERNINHA.

[...]

POUSOU NO BICO DO PATO:
— EU TAMBÉM QUERO RETRATO!

NO RETRATO SAIO EU SÓ,
PRA MANDAR À MINHA VÓ!

[...]

MARIO QUINTANA. **PÉ DE PILÃO**.
SÃO PAULO: ÁTICA, 1996. P. 1-2.

Ilustrações: Camila de Godoy/Arquivo da editora

PALAVRAS EM JOGO

LETRA R

1 RELEIA ESTAS PALAVRAS.

RENÊ	RATO	RAJADO

A) ENCONTRE E PINTE ESSAS PALAVRAS ESCONDIDAS NO QUADRO A SEGUIR.

V	L	M	R	A	T	O	R	I	C	O	Ê
R	E	I	P	A	R	A	J	A	D	O	U
W	Q	J	R	O	M	A	R	E	N	Ê	B

B) ESCREVA OUTRA PALAVRA INICIADA POR **R** QUE VOCÊ ENCONTROU NO QUADRO.

_____

_____

2 LIGUE AS LETRAS USANDO CORES:

- **VERMELHO**: PARA LIGAR AS LETRAS MAIÚSCULAS.
- **AZUL**: PARA LIGAR AS LETRAS MINÚSCULAS.

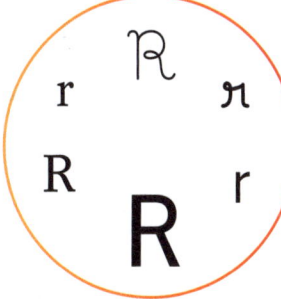

3 NA PÁGINA 42 DO **CADERNO DE ATIVIDADES**, TRACE A LETRA **R**.

ATIVIDADES

1 LEIA AS PALAVRAS DO QUADRO A SEGUIR.

RAJADO	RALADO	RABANETE	RAIA	RAINHA
RATO	RABANADA	REDE	RATO	

COMPLETE AS FRASES.

A) AS PALAVRAS COM MAIOR NÚMERO DE SÍLABAS SÃO: _____

_____.

B) A PALAVRA QUE APARECE 2 VEZES É: _____.

C) A ÚNICA PALAVRA QUE **NÃO** TEM A SÍLABA **RA** É: _____.

2 PREENCHA A **CRUZADINHA** PARA ENCONTRAR O NOME DE UMA MENINA. UTILIZE AS PALAVRAS A SEGUIR.

RUA	→	3 LETRAS
RIFA	→	4 LETRAS
ROLETA	→	6 LETRAS
RABO	→	4 LETRAS

3 COMPLETE COM OUTRAS LETRAS E FORME NOVAS PALAVRAS, SEM REPETIR. COPIE NA LINHA AS PALAVRAS FORMADAS.

RATO _____ | ____ATO _____

____ATO _____ | ____ATO _____

SÍLABAS EM JOGO

1 VEJA OS 3 CONJUNTOS DE IMAGENS ABAIXO.

- PINTE A FIGURA QUE TEM O NOME INICIADO PELA SÍLABA QUE ESTÁ NO QUADRINHO.

- DEPOIS, COMPLETE O NOME DA FIGURA QUE VOCÊ PINTOU.

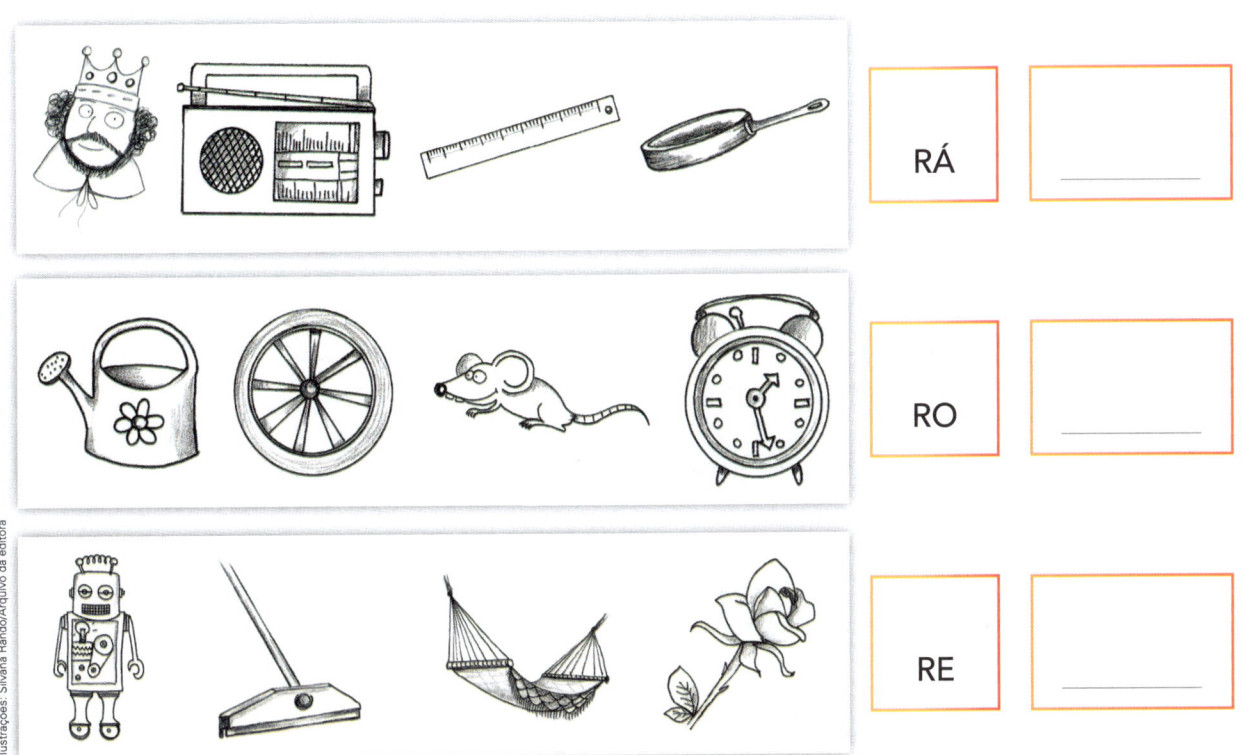

RÁ _____

RO _____

RE _____

Ilustrações: Silvana Rando/Arquivo da editora

2 JUNTE AS SÍLABAS PARA FORMAR O NOME DE CADA FIGURA A SEGUIR.

DICA: TODOS OS NOMES COMEÇAM COM A LETRA **R**.

RA	NA	BI	TE	NE	RO	RE
BA	TE	TA	RO	LE	JÃO	RU

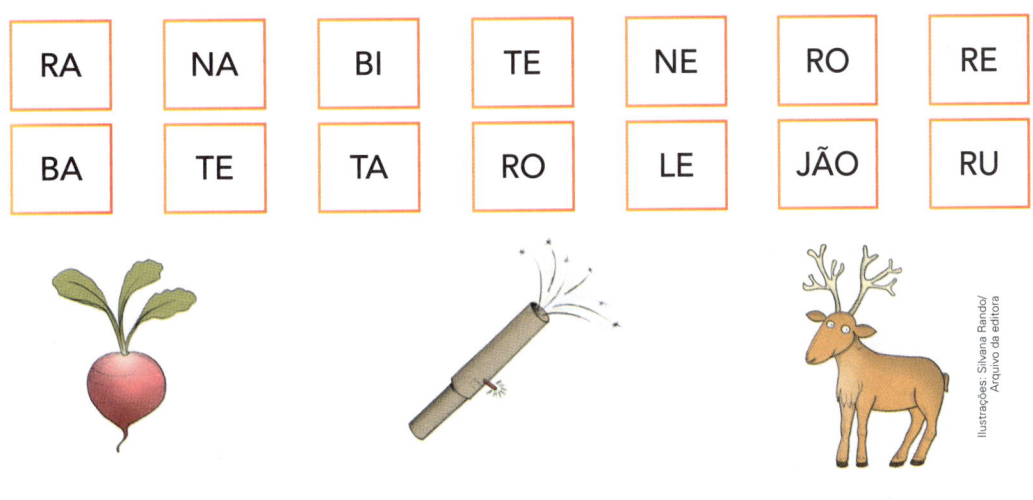

Ilustrações: Silvana Rando/ Arquivo da editora

_____ _____ _____

MESMA LETRA, OUTRO SOM

R OU RR?

ATIVIDADE ORAL E ESCRITA

1 LEIA ESTAS 3 LISTAS.

1
RIO
RODO
REMO

2
MARIDO
FURO
CORES

3
CORRIDA
BURRO
CORRE

NA **LISTA 3**, POR QUE HÁ **RR** NO MEIO DAS PALAVRAS? CONVERSE SOBRE ISSO COM OS COLEGAS.

2 **DITADO.** OUÇA AS PALAVRAS QUE A PROFESSORA VAI FALAR E ESCREVA-AS.

DEPOIS, PINTE O ☐ DE **AZUL** PARA SOM FORTE DO **R** E DE **AMARELO** PARA SOM FRACO DO **R**.

A) ☐ _____

B) ☐ _____

C) ☐ _____

D) ☐ _____

E) ☐ _____

F) ☐ _____

3 OBSERVE O EXEMPLO E COMPLETE AS PALAVRAS.

A**R**ANHA	→	A**RR**ANHA		A**R**EIA	→	A _____ EIA
CA**R**O	→	CA _____ O		FO**R**O	→	FO _____ O
MO**R**O	→	MO _____ O		MU**R**O	→	MU _____ O

4 **BINGO DE PALAVRAS.**

ESCOLHAM UMA CARTELA NA PÁGINA 5 DO **ÁPIS DIVERTIDO** E OUÇAM AS INSTRUÇÕES DA PROFESSORA.

5 NAS PALAVRAS ABAIXO ESTÁ FALTANDO O **R** OU O **RR**.

LEIAM E DESCUBRAM QUAIS SÃO ESSAS PALAVRAS.

DEPOIS, ESCREVAM CADA UMA DELAS COM AS LETRAS QUE FALTAM.

A) OUPA: _____

B) ISADA: _____

C) AOTO: _____

D) BUACO: _____

E) BAIGA: _____

F) FUO: _____

G) CAECA: _____

H) BEO: _____

O R INTROMETIDO

GRISELDA, VOCÊ É UMA GRAÇA!

1 LEIA O TRAVA-LÍNGUA:

O GRILO GRITOU COM VOZ GROSSA:

— GRISELDA, VOCÊ É UMA GRAÇA!

EVA FURNARI. **TRAVADINHAS**. SÃO PAULO: MODERNA, 1994.

Silvana Rando/Arquivo da editora

REPITA AS PALAVRAS DO QUADRO EM VOZ ALTA.

GRAÇA	GRILO	GRITO	GROSSA

2 COLOQUE A LETRA **R** ENTRE A CONSOANTE E A VOGAL DESTACADAS, COMO NO MODELO.
DEPOIS, LEIA OS PARES DE PALAVRAS.

PATO ⟶ **PRA**TO

TAÇA → _____   **FI**O → _____   **TO**PA → _____

BEQUE → _____   **BO**CA → _____   **TI**O → _____

3 ESCREVA AS PALAVRAS ABAIXO NAS LISTAS CORRESPONDENTES.

LIVRO	LUTE	PINO	LINDO	LUSTRE	PRIMO

PATO	**PRA**TO

LETRA R

RENÊ QUER SABER COMO SURGIU A LETRA **R**. OUÇA O QUE A PROFESSORA VAI CONTAR.

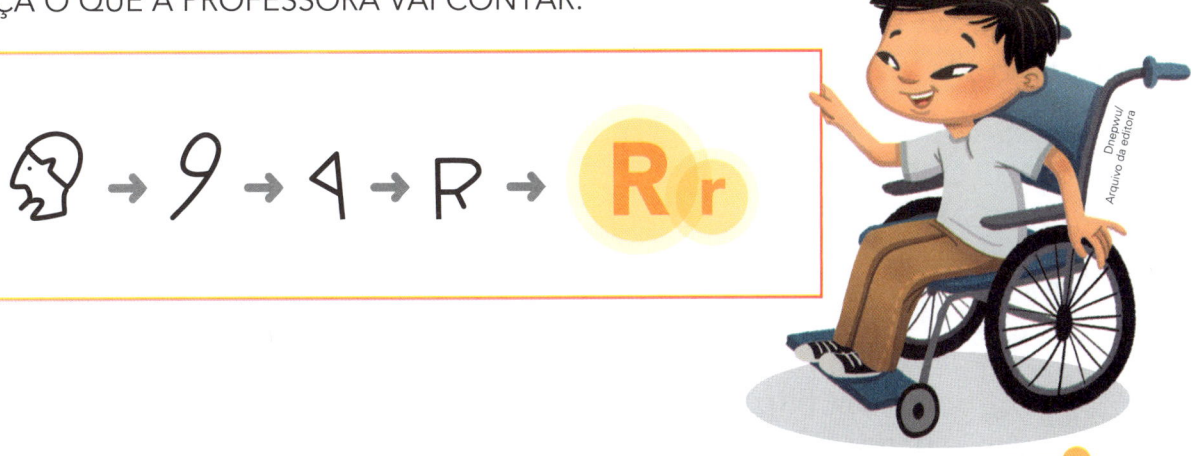

Dnepwu/ Arquivo da editora

PESQUISA

EM JORNAIS E REVISTAS, PESQUISE 4 PALAVRAS COM **R** NO COMEÇO, 4 COM **R** NO MEIO E 4 COM **RR**. COLE-AS NO CADERNO.

DEPOIS, COM A AJUDA DA PROFESSORA, COPIE AS PALAVRAS, SEPARANDO-AS EM 3 LISTAS.

MEMÓRIA EM JOGO

LEIA E MEMORIZE.

OS RATOS MORREM DE RISO
AO ROER O QUEIJO PRATO.
MAS PARA QUE TANTO RISO?
QUEM RI POR ÚLTIMO É O GATO.

MARIO QUINTANA. **O BATALHÃO DAS LETRAS**.
SÃO PAULO: GLOBO, 1992. P. 21.

Silvana Rando/Arquivo da editora

REGISTRE OS VERSOS COMO SOUBER NA PÁGINA 42 DO **CADERNO DE ATIVIDADES**.

HISTÓRIA

PARA INICIAR

SARA GOSTA DE BRINCAR DE SER BICHO, REI, PRINCESA OU O QUE ELA QUISER! PARA ISSO, BASTA COLOCAR UMA MÁSCARA E SE DIVERTIR.

 VAMOS FAZER MÁSCARAS!

1. EM UM PRATINHO DE PAPELÃO, DESENHEM E PINTEM UM ROSTO COMO QUISEREM.

 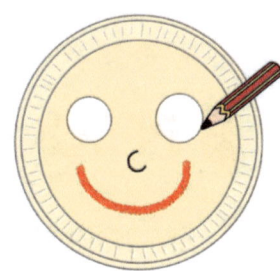

2. A PROFESSORA VAI FAZER UM FURO EM CADA LADO DO PRATO. PASSEM UM ELÁSTICO (OU BARBANTE) PELOS FUROS.

3. COM A AJUDA DA PROFESSORA, USEM UMA TESOURA COM PONTAS ARREDONDADAS PARA CORTAR O LUGAR DOS OLHOS.

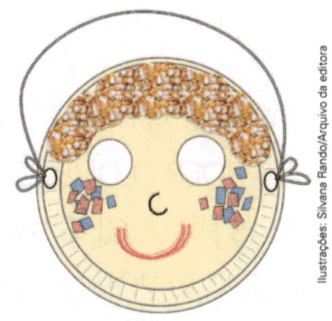

4. ENFEITEM A MÁSCARA DE VOCÊS COM OUTROS MATERIAIS (PAPEL PICADO, FIOS DE LÃ, MILHO, FIOS COLORIDOS, ETC.).

5. EXPERIMENTEM A MÁSCARA.

6. ORGANIZEM UM DESFILE PARA VEREM AS MÁSCARAS DE TODOS OS COLEGAS DA TURMA.

O QUE PODEMOS USAR QUANDO QUEREMOS NOS DISFARÇAR?

SARA MOSTROU AOS AMIGOS A HISTÓRIA DE UM SAPO QUE QUIS SE DISFARÇAR, MAS NÃO USOU MÁSCARA.

O QUE SERÁ QUE ELE USOU? VAMOS LER PARA DESCOBRIR.

PRIMEIRO OLHE AS IMAGENS E TENTE LER AS PALAVRAS, PRINCIPALMENTE AS QUE JÁ CONHECE. DEPOIS, OUÇA A LEITURA DA PROFESSORA.

LEITURA: HISTÓRIA

O RABO DO GATO

O SAPO VIU UM RABO DE GATO.

E O SAPO FICOU COM O RABO DO GATO.

VEIO O TATU E FALOU:
— OLÁ, GATO!

O SAPO FALOU:
— EU SOU UM SAPO!

E O TATU FALOU DE NOVO:
— SAPO COM RABO DE GATO, É GATO!

VEIO O GATO E FALOU:
— OLÁ, SAPO!

O SAPO FALOU:
— EU SOU UM GATO!

E O GATO FALOU DE NOVO:
— GATO COM CARA DE SAPO, É SAPO!

VEIO A SAPA E FALOU:
— VOCÊ É UM SAPO OU É UM GATO?

E O SAPO FALOU:
— EU SOU UM SAPO.
EU SOU UM SAPO.
EU SOU UM SAPO!

MARY FRANÇA E ELIARDO FRANÇA.
O RABO DO GATO. SÃO PAULO: ÁTICA, 2015.

🍊 INTERPRETAÇÃO DO TEXTO

ATIVIDADE ORAL E ESCRITA

1 ESCREVA O NOME DOS **PERSONAGENS**.

2 NA PÁGINA 301, HÁ ALGUMAS FRASES DA HISTÓRIA QUE VOCÊS LERAM.
CADA UMA DELAS CORRESPONDE A UMA IMAGEM.
RECORTEM AS FRASES E COLEM NA MESMA ORDEM DA HISTÓRIA.

3 O QUE O SAPO USOU COMO DISFARCE NA BRINCADEIRA?

_____

4 POR QUE O SAPO QUIS VOLTAR A SER RECONHECIDO COMO SAPO?
CONVERSE COM UM COLEGA.

5 COMPLETE: ESSA HISTÓRIA TEM A INTENÇÃO DE _____.

PONTUAÇÃO DE FRASES

1 NAS FRASES DA HISTÓRIA QUE VOCÊ LEU, HÁ ALGUNS SINAIS NO INÍCIO, NO MEIO E NO FINAL DAS FRASES. VEJA.

> VEIO O TATU E FALOU:
> — OLÁ, GATO!

PINTE OS SINAIS QUE APARECEM NOS TRECHOS A SEGUIR.

> VEIO A SAPA E FALOU:
> — VOCÊ É UM SAPO OU É UM GATO?

> — EU SOU UM SAPO.

ESSES SINAIS QUE VOCÊ PINTOU NAS FRASES SÃO OS **SINAIS DE PONTUAÇÃO**.

2 CONVERSEM SOBRE O QUE MUDA NA LEITURA DAS FRASES QUANDO USAMOS ESTES SINAIS DE PONTUAÇÃO:

3 AO VER A SAPA, O SAPO FALOU:

> — EU SOU UM SAPO.
> EU SOU UM SAPO.
> EU SOU UM SAPO!

PINTE OS SINAIS DE PONTUAÇÃO NO INÍCIO E NO FINAL DAS FRASES QUE VOCÊ ACABOU DE LER.

A) TREINE A LEITURA DESSE TRECHO COM A PROFESSORA.

B) CONVERSEM SOBRE O QUE VOCÊS PERCEBEM QUANDO:

O SINAL É TROCADO POR .

4 ESCOLHA O SINAL PARA TERMINAR CADA FRASE: **.** **!** **?**

A) COMO VOCÊ É ALTO ☐

B) POR QUE VOCÊ FALTOU ONTEM ☐

C) EU GOSTO DE HISTÓRIAS ☐

🍊 PRÁTICA DE ORALIDADE

CONVERSA EM JOGO

CADA UM É UM...

CONVERSE COM OS COLEGAS: POR QUE, ÀS VEZES, ALGUMAS PESSOAS QUEREM FINGIR QUE SÃO OUTRAS PESSOAS?

🍊 PRODUÇÃO DE TEXTO

DRAMATIZAÇÃO

JUNTE-SE A 3 COLEGAS. VOCÊS VÃO ENCENAR A HISTÓRIA LIDA.

1. COMBINEM QUE PERSONAGEM CADA UM VAI INTERPRETAR.

Ilustrações: © Eliardo França/
© Mary França/Editora Ática

| SAPO | TATU | GATO | SAPA |

2. DEFINAM COMO VÃO ENCENAR A HISTÓRIA. SE QUISEREM, MONTEM UM PEQUENO CENÁRIO.

3. COM A AJUDA DA PROFESSORA, TREINEM EM **VOZ ALTA** A LEITURA DAS FALAS DE CADA UM.

A) ENSAIEM PARA MEMORIZAR AS FALAS E PARA PRONUNCIAR BEM AS PALAVRAS, COM EXPRESSIVIDADE.

B) TREINEM OS GESTOS QUE PODEM FAZER.

4. APRESENTEM PARA OS COLEGAS DE SUA TURMA E, QUEM SABE, DE OUTRAS TURMAS. DIVIRTAM-SE!

PALAVRAS EM JOGO

LETRA S

1. MUDE UMA LETRA E FORME OUTRAS PALAVRAS.

S A R A	S A P O	S O P A
S A ____ A	S A ____ O	S O ____ A

2. ESCREVA O NOME DAS CRIANÇAS NA ORDEM ALFABÉTICA.

RITA	OTO	SUELI	PAULO

_____ _____ _____ _____

3. LIGUE AS LETRAS USANDO CORES:

- **VERMELHO**: PARA LIGAR AS LETRAS MAIÚSCULAS.
- **AZUL**: PARA LIGAR AS LETRAS MINÚSCULAS.

S

s

4. TRACE A LETRA S NA PÁGINA 43 DO **CADERNO DE ATIVIDADES**.

ATIVIDADES

1 COMPLETE AS PALAVRAS COM AS SÍLABAS DO QUADRO.

SU	SA
SI	
SO	SE

_____NO   _____BO

_____ LA   _____DA

2 FORME PALAVRAS COMPLETANDO COM DIFERENTES SÍLABAS.

A)

_____LA

_____LA

_____LA

B)

_____LO

_____LO

_____LO

3 COPIE AS PALAVRAS ABAIXO NA ORDEM CORRETA PARA FORMAR O TÍTULO DA HISTÓRIA QUE VOCÊ LEU.

| O | GATO. | DO | RABO |

_____

4 ORGANIZE AS PALAVRAS A SEGUIR PARA FORMAR UMA FRASE.

| SAPO. | SOU | EU | UM |

_____

MESMA LETRA, OUTRO SOM

LETRA S

1 LEIA O TEXTO E OBSERVE AS FIGURAS.

ESTOU SOZINHO EM CASA
COMENDO SOPA DE FEIJÃO,
OLHANDO PARA UM VASO
COM CARA DE SABÃO.

TEXTO DAS AUTORAS.

 SABÃO   CASA

A) PINTE A LETRA S NAS 2 PALAVRAS.

B) LEIA AS PALAVRAS EM VOZ ALTA E DIGA O QUE VOCÊ NOTOU DE DIFERENTE.

2 ESCREVA AS PALAVRAS ABAIXO NAS COLUNAS CORRESPONDENTES.

BESOURO	SAPATO	MESA	ASA

ROSA	SUCURI	SINO	SONHO

LETRAS S COM O MESMO SOM DE SABÃO 	LETRAS S COM O MESMO SOM DE CASA

3 OBSERVE O QUADRO DA ATIVIDADE 2, RELEIA AS PALAVRAS DE CADA COLUNA E RESPONDA.

A) QUANDO A LETRA **S** TEM O MESMO SOM DO **S** DE **SABÃO**?

_____

B) QUANDO A LETRA **S** TEM O MESMO SOM DO **S** DE **CASA**?

_____

4 COMPLETE A PARLENDA COM ALGUMAS DAS PALAVRAS ABAIXO.
ATENÇÃO: ELAS DEVEM RIMAR COM AS PALAVRAS EM DESTAQUE.

BESOURO	RAPOSA	PARAFUSO
SORRISO	CASO	SOBREMESA
CASAMENTO	MARIPOSA	

Silvana Rando/Arquivo da editora

LÁ EM CIMA DO PIANO

TEM A CAIXA DO **TESOURO**

AGORA CONTA PRA MIM

ONDE EU ACHO O _____.

LÁ EM CIMA DO PIANO

TEM A FOTO DA **PRINCESA**

AGORA CONTA PRA MIM

ONDE EU ACHO A _____.

LÁ EM CIMA DO PIANO

TEM UM QUADRO DE **AVISO**

AGORA CONTA PRA MIM

ONDE EU ACHO UM _____.

PARLENDA ESCRITA PELAS AUTORAS.

USO DE S E SS

1 LEIAM AS PALAVRAS EM VOZ ALTA.

SAPO	A**S**A	PA**SS**ADO
SONO	VA**S**O	O**SS**O
SEDE	CA**S**EIRO	PA**SS**EIO
SINO	A**S**ILO	A**SS**INAR
SUCO	CA**S**ULO	A**SS**UMIR

JUNTOS, REGISTREM O QUE FOI OBSERVADO NO USO DA LETRA **S**.

A) A LETRA **S** NO INÍCIO DA PALAVRA REPRESENTA O MESMO SOM QUE _____ NO MEIO DA PALAVRA.

B) A LETRA **S** NO MEIO DA PALAVRA E ENTRE VOGAIS REPRESENTA O MESMO SOM QUE _____.

C) USA-SE **SS** NO MEIO DA PALAVRA PARA REPRESENTAR O MESMO SOM QUE A LETRA _____ REPRESENTA NO INÍCIO DA PALAVRA.

2 COMPLETE O TRAVA-LÍNGUA COM **S** OU **SS**.

____U____ANA, VOCÊ ____ABIA QUE O ____ABIÁ

____ABE A____OBIAR?

LETRA S

VEJA COM **SARA** AS ORIGENS DO TRAÇADO DA LETRA S.

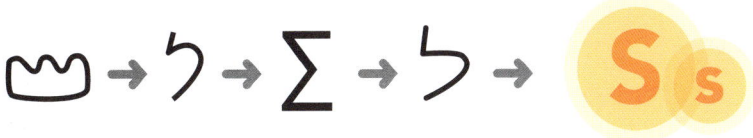

Dhepwu/Arquivo da editora

PESQUISA

EM JORNAIS E REVISTAS, PROCURE:

- 2 PALAVRAS COM A LETRA S NO INÍCIO DA PALAVRA.
- 2 PALAVRAS COM A LETRA S NO MEIO DA PALAVRA E ENTRE VOGAIS.
- 2 PALAVRAS COM SS.

RECORTE E COLE AS PALAVRAS NO CADERNO.

MEMÓRIA EM JOGO

LEIAM JUNTOS EM VOZ ALTA O TRAVA-LÍNGUA.

A) DEPOIS, SOZINHO, RELEIA PARA MEMORIZAR. ENSAIE FALAR SEM TROPEÇAR NAS PALAVRAS.

O SAPO NO SACO

OLHA O SAPO DENTRO DO SACO
O SACO COM SAPO DENTRO,
O SAPO BATENDO PAPO
E O PAPO SOLTANDO VENTO.

CIÇA. **O LIVRO DO TRAVA-LÍNGUA**.
RIO DE JANEIRO: NOVA FRONTEIRA, 1986.

Silvana Rando/Arquivo da editora

B) REGISTRE OS VERSOS COMO SOUBER NA PÁGINA 43 DO **CADERNO DE ATIVIDADES**.

16 · TEXTO INFORMATIVO

PARA INICIAR

XAVIER ESPALHA PASSARINHOS POR TODA PARTE!

SABE COMO ELE FAZ ISSO? COM RECORTES DE REVISTAS E PAPÉIS COLORIDOS.

VAMOS RECORTAR TAMBÉM?

 TRAGAM PARA A SALA DE AULA FOTOS E DESENHOS DE PASSARINHOS QUE ENCONTRAREM EM REVISTAS OU NA INTERNET.

- ANOTEM O NOME DOS PASSARINHOS QUE TROUXEREM.

- COLEM AS IMAGENS EM CARTOLINA E RECORTEM PARA MONTAR UM MÓBILE.

- AGUARDEM AS ORIENTAÇÕES DA PROFESSORA PARA A MONTAGEM.

- DEIXEM A SALA DE AULA DE VOCÊS MAIS BONITA!

XAVIER É CURIOSO E GOSTA DE PESQUISAR INFORMAÇÕES CIENTÍFICAS.

LEIA A CURIOSIDADE QUE ELE ENCONTROU EM UM LIVRO.

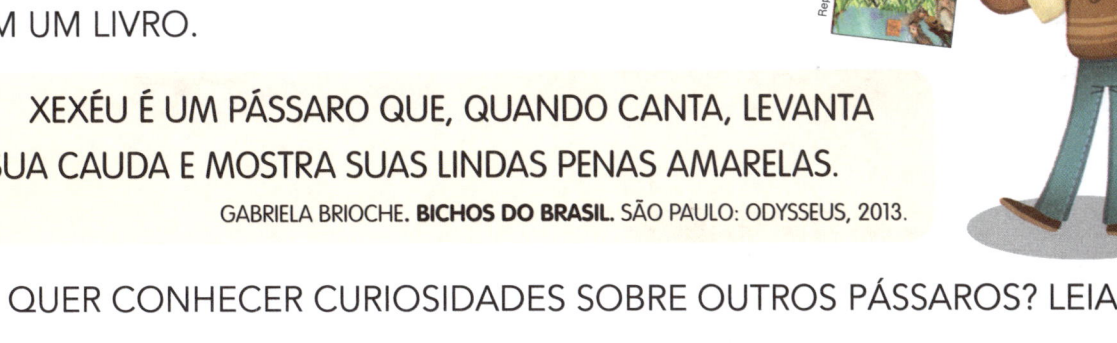

XEXÉU É UM PÁSSARO QUE, QUANDO CANTA, LEVANTA SUA CAUDA E MOSTRA SUAS LINDAS PENAS AMARELAS.

GABRIELA BRIOCHE. **BICHOS DO BRASIL.** SÃO PAULO: ODYSSEUS, 2013.

QUER CONHECER CURIOSIDADES SOBRE OUTROS PÁSSAROS? LEIA.

LEITURA: CURIOSIDADES

PARA SAIR DO OVO, O **PASSARINHO** FURA A CASCA USANDO UM DENTE ESPECIAL QUE TEM NO BICO.

O **ALBATROZ** CONSEGUE VOAR DURANTE HORAS SEM BATER AS ASAS.

AS **CORUJAS** NÃO CONSEGUEM VIRAR SEUS ENORMES OLHOS, MAS GIRAM A CABEÇA COMPLETAMENTE PARA OLHAR PARA TRÁS.

243

O **FALCÃO-PEREGRINO** PODE VOAR MAIS RÁPIDO QUE QUALQUER OUTRA AVE. ELE ATACA SUA PRESA MERGULHANDO NO AR A 200 KM/HORA.

O **PARDAL** LEVA COMIDA PARA O NINHO ATÉ 900 VEZES POR DIA.

CAROLINA CAIRES COELHO (TRADUÇÃO). **COMO? ONDE? POR QUÊ?**: PERGUNTAS E RESPOSTAS SOBRE O MUNDO ANIMAL. BARUERI, SP: GIRASSOL, 2008. P. 75; 79; 84-85.

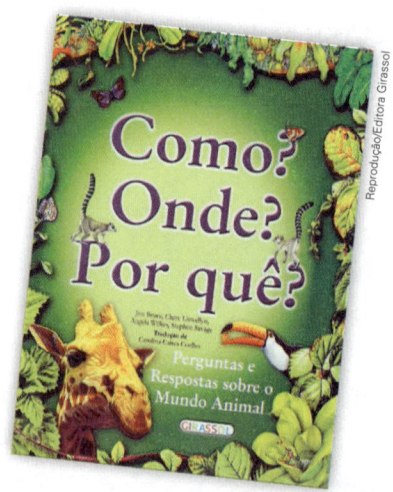

🍊 INTERPRETAÇÃO DO TEXTO

ATIVIDADE ORAL E ESCRITA

1 PINTE O ☐ COM A ALTERNATIVA CORRETA.

TODAS AS CURIOSIDADES QUE **XAVIER** TROUXE TÊM COMO ASSUNTO:

☐ FLORESTA ☐ AVES ☐ BICHOS

2 LIGUE CADA CURIOSIDADE A UMA AVE.

VOA MAIS RÁPIDO.

GIRA A CABEÇA PARA TRÁS.

VOA HORAS SEM BATER AS ASAS.

TEM UM DENTE ESPECIAL PARA FURAR A CASCA DO OVO.

VAI ATÉ 900 VEZES AO NINHO.

PARDAL

ALBATROZ

PASSARINHO

FALCÃO

CORUJA

Ilustrações: Camila de Godoy/Arquivo da editora

3 PINTE A ALTERNATIVA QUE MOSTRA QUAL É A FINALIDADE DE TODAS AS CURIOSIDADES.

EMOCIONAR SURPREENDER AVISAR ORGANIZAR

4 QUAL FOI A CURIOSIDADE QUE MAIS SURPREENDEU VOCÊ? POR QUÊ? FALE A SUA OPINIÃO E OUÇA A DOS COLEGAS.

5 **XAVIER** ENCONTROU A CURIOSIDADE SOBRE O XEXÉU EM UM LIVRO CHAMADO **BICHOS DO BRASIL**. AS OUTRAS CURIOSIDADES SOBRE AVES TAMBÉM ESTAVAM PUBLICADAS EM UM LIVRO. ONDE MAIS VOCÊ PODERIA ENCONTRAR CURIOSIDADES?

Richard McManus/Getty Images

6 ESCOLHA UMA CURIOSIDADE QUE VOCÊ QUER LER. FAÇA UMA ILUSTRAÇÃO PARA ELA NO CADERNO E, DEPOIS, TREINE A LEITURA. AGUARDE SUA VEZ DE LER.

PRÁTICA DE ORALIDADE

CONVERSA EM JOGO

EU SEI UMA CURIOSIDADE

CONVERSEM SOBRE ALGUMA CURIOSIDADE QUE VOCÊ CONHECE SOBRE UMA AVE.
FALE O QUE VOCÊ SABE E OUÇA A FALA DOS COLEGAS.

PRODUÇÃO DE TEXTO

CURIOSIDADE

QUE TAL PESQUISAR SOBRE UMA AVE PARA ESCREVER UMA CURIOSIDADE?

PLANEJAMENTO E PESQUISA

1. ESCOLHAM UMA AVE DE QUE TODOS GOSTEM OU QUE ACHEM INTERESSANTE.

2. PESQUISEM IMAGENS E INFORMAÇÕES SOBRE ELA EM MATERIAIS IMPRESSOS OU DIGITAIS, COMO LIVROS, REVISTAS, DICIONÁRIOS E ENCICLOPÉDIAS, PARA PREENCHER O QUADRO A SEGUIR.

NOME DA AVE:

ONDE VIVE?

QUAL É O SEU TAMANHO?

O QUE COME?

ALGO INTERESSANTE SOBRE ELA:

REVISÃO, EDIÇÃO E CIRCULAÇÃO

1. COM A PESQUISA FEITA, AJUDEM A PROFESSORA A REGISTRAR UM TEXTO COM INFORMAÇÕES E CURIOSIDADES SOBRE A AVE.

2. COPIEM O TEXTO PRODUZIDO EM UMA FOLHA AVULSA.

3. USEM AS IMAGENS ENCONTRADAS PARA ILUSTRAR O TEXTO.

4. TREINEM A LEITURA E, DEPOIS, LEIAM A CURIOSIDADE PARA SEUS FAMILIARES.

 # PALAVRAS EM JOGO

LETRA X

1 PINTE A LETRA X NA PALAVRA.

Camila de Godoy/ Arquivo da editora

XEXÉU

AGORA, COMPLETE A FRASE:

- NA PALAVRA **XEXÉU** A LETRA X APARECE _____ VEZES.

2 CIRCULE A PALAVRA EM QUE O X APARECE MAIS VEZES.

XALE	XÍCARA	XAVIER
XIXI	MEXE	AMEIXA

3 RECITE O ALFABETO E PARE NA LETRA X. CIRCULE ESSA LETRA.

A	B	C	D	E	F	G	H	I	J	K	L	M
N	O	P	Q	R	S	T	U	V	W	X	Y	Z

4 LIGUE AS LETRAS USANDO CORES:

- **VERMELHO**: PARA LIGAR AS LETRAS MAIÚSCULAS.
- **AZUL**: PARA LIGAR AS LETRAS MINÚSCULAS.

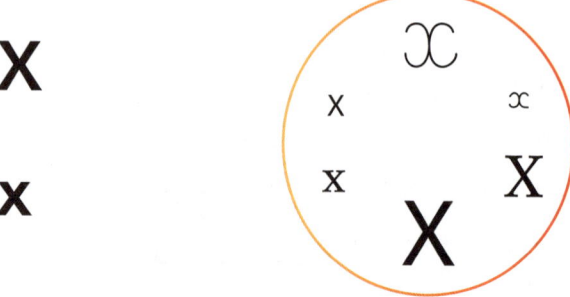

5 NA PÁGINA 44 DO **CADERNO DE ATIVIDADES**, LEIA E TRACE A LETRA X.

ATIVIDADES

1 LIGUE CADA PALAVRA À FIGURA CORRESPONDENTE.

XALE	XAROPE	XADREZ	XERIFE

2 **XAVIER** GOSTA DE SER CHAMADO PELO SOBRENOME.
SEU NOME É **CAIO XAVIER**. NA SALA DE AULA, PORÉM, ELE TEM 2 XARÁS, ISTO É, 2 COLEGAS QUE TAMBÉM SE CHAMAM CAIO.
NA LISTA DE CHAMADA DE **XAVIER** ESSES NOMES ESTÃO NA SEGUINTE ORDEM:

CAIO COSTA
CAIO DIAS
CAIO XAVIER

COM A AJUDA DA PROFESSORA, DESCUBRA POR QUE OS NOMES ESTÃO NESSA ORDEM.

3 ORGANIZE ESTES NOMES EM ORDEM ALFABÉTICA.

PAULO VIEIRA	ALINE SILVA	PAULO GOMES	HUGO LIMA

A) _____

B) _____

C) _____

D) _____

4 PREENCHA OS ESPAÇOS COM OUTRAS LETRAS PARA FORMAR MAIS PALAVRAS.

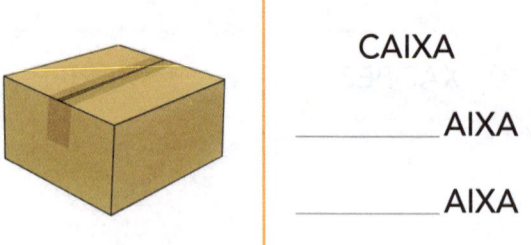

CAIXA	PEIXE
_____AIXA	_____EIXE
_____AIXA	_____EIXE

5 JUNTE AS SÍLABAS E FORME PALAVRAS. ATENÇÃO AOS NÚMEROS!

4. XA	2. LI	2. XA	3. XI
1. RE	1. TA	5. XO	3. FA
3. NA	5. LI	4. LE	1. XE

1. _____

2. _____

3. _____

4. _____

5. _____

6 OBSERVE QUE PALAVRAS DA ATIVIDADE ACIMA CORRESPONDEM A CADA CENA. ESCREVA O NÚMERO DAS PALAVRAS NO ☐ DA CENA CORRESPONDENTE.

LETRA X

QUER SABER AS ORIGENS DA LETRA X?

XAVIER PESQUISOU INFORMAÇÕES. OUÇA O QUE A PROFESSORA VAI FALAR SOBRE O QUE ELE ENCONTROU.

Dnepwu/Arquivo da editora

PESQUISA

EM JORNAIS E REVISTAS, PESQUISE 5 PALAVRAS COM A LETRA X. RECORTE AS PALAVRAS QUE ENCONTRAR E COLE-AS NO CADERNO.

MEMÓRIA EM JOGO

LEIA E MEMORIZE OS VERSOS A SEGUIR.

ÍNDIO

ÍNDIO DO MATO É XAVANTE.
MILHO SOCADO É XERÉM.
E A GENTE CHAMA XARÁ
QUEM O MESMO NOME TEM...

RUTH ROCHA. **PALAVRAS, MUITAS PALAVRAS...** 14. ED. SÃO PAULO: QUINTETO, [S.D.].

Silvana Rando/ Arquivo da editora

NA PÁGINA 44 DO **CADERNO DE ATIVIDADES**, REGISTRE OS VERSOS COMO SOUBER.

MESMO SOM, OUTRAS LETRAS

X E CH

1 ACOMPANHE A LEITURA DA PROFESSORA.

CAÇADORA DE INSETO.
CANTORA COM VOZ DE LIXA.
SE ESPICHA
    LÁ NO TETO
    OU DISPARA —
    LAGARTIXA!

LUIZ ROBERTO GUEDES. **BICHARADA DE TINTA**.
SÃO PAULO: FTD, 1996.

2 LEIA AS PALAVRAS ABAIXO.

INSETO	TETO

NELAS, PINTE A PARTE QUE RIMA.

3 COPIE DO POEMA AS PALAVRAS QUE RIMAM COM:

LIXA

_____

_____

CIRCULE AS PARTES QUE RIMAM.

4 ESCREVA O QUE VOCÊ OBSERVOU NAS PALAVRAS QUE RIMARAM.

_____

_____

5 COM UM COLEGA, LEIA AS PALAVRAS ABAIXO EM VOZ ALTA.

CHUVA	XAVANTE	CHAPÉU	CHINÊS	XERETA
	XIXI	XODÓ	CHIQUE	XAROPE
CHÁ	XÍCARA	CHALEIRA	XALE	CHÃO

ESCREVA AS PALAVRAS NAS COLUNAS CORRESPONDENTES.

PALAVRAS QUE INICIAM COM A LETRA X	PALAVRAS QUE INICIAM COM AS LETRAS CH

6 LEIA AS EXPRESSÕES ABAIXO E DESENHE.

PEIXE NA XÍCARA

CHAPÉU NA CHUVA

REGRAS

PARA INICIAR

ZÉLIA E **QUIRINO** SÃO MUITO OBSERVADORES E ADORAM UM DESAFIO. E VOCÊ?

JUNTE-SE A UM COLEGA E DIVIRTAM-SE ENCONTRANDO A ZEBRA!

 VOCÊ E SEU COLEGA DEVERÃO ACHAR A ZEBRA CERTA.

A MODA DAS ZEBRAS

SIGAM AS PISTAS E DESCUBRAM QUAL É A ZEBRA MAIS "DESCOLADA" DO ZOOLÓGICO.

- ELA ESTÁ USANDO BOTAS COM ZÍPER.
- NÃO ESTÁ USANDO ÓCULOS VERDES.
- ESTÁ DE CACHECOL AZUL.

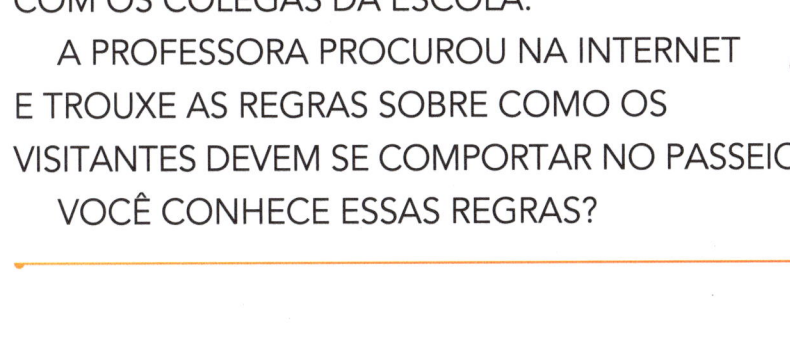

ZÉLIA E QUIRINO VÃO AO ZOOLÓGICO COM OS COLEGAS DA ESCOLA.

A PROFESSORA PROCUROU NA INTERNET E TROUXE AS REGRAS SOBRE COMO OS VISITANTES DEVEM SE COMPORTAR NO PASSEIO.

VOCÊ CONHECE ESSAS REGRAS?

 LEITURA: REGRAS

NORMAS DE CONDUTA DE VISITANTES

[...]

É PROIBIDO AO VISITANTE:

- ENTRAR NO PARQUE COM ALIMENTOS OU BEBIDAS.
- ALIMENTAR OS ANIMAIS, EXCETO RAÇÃO AUTORIZADA.
- FUMAR.
- CONSUMIR BEBIDAS ALCOÓLICAS DENTRO DO PARQUE.
- FAZER FOTOGRAFIAS COM *FLASH*.
- ENTRAR TRANSPORTANDO OU CARREGANDO ANIMAIS DOMÉSTICOS OU SILVESTRES.
- GRITAR, BATER NOS VIDROS OU TENTAR AGITAR OS ANIMAIS.
- TOCAR NOS ANIMAIS.

DISPONÍVEL EM: <https://www.gramadozoo.com.br/no-gramadozoo/normas-parque-regras>. ACESSO EM: 28 JAN. 2020.

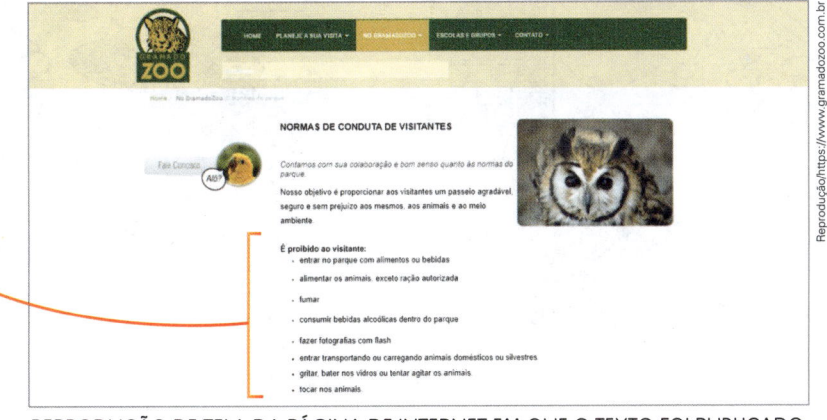

REPRODUÇÃO DE TELA DA PÁGINA DE INTERNET EM QUE O TEXTO FOI PUBLICADO.

INTERPRETAÇÃO DO TEXTO

ATIVIDADE ORAL E ESCRITA

1 OBSERVE ESTAS CENAS.

DEPOIS, PINTE OS ☐ DAS CENAS QUE INDICAM O QUE É **PROIBIDO** AO VISITANTE DO ZOOLÓGICO.

2 PINTE AS PALAVRAS QUE PODEM SUBSTITUIR ESTAS:

A) **NORMAS** → | REGRAS | BRINCADEIRA | JOGO |

B) **CONDUTA** → | DANÇA | PARQUE | COMPORTAMENTO |

3 PINTE A PALAVRA QUE INDICA A INTENÇÃO DO TEXTO.

| EMOCIONAR | ORIENTAR | DIVERTIR |

4 LEIA ESTA PLACA DE AVISO:

NirdalArt/Shutterstock

PINTE NO TEXTO DA LEITURA, NA PÁGINA 255, A REGRA QUE CORRESPONDE A ESSE AVISO.

🍊 PRÁTICA DE ORALIDADE

CONVERSA EM JOGO

REGRAS DE CONDUTA

EM SUA OPINIÃO, QUAL DAS REGRAS LIDAS DEVERIA VIR EM PRIMEIRO LUGAR POR SER A MAIS IMPORTANTE? POR QUÊ? EXPLIQUE SUA ESCOLHA E OUÇA OS COLEGAS.

PRODUÇÃO DE TEXTO

REGRAS NA ESCOLA

VAMOS MELHORAR A VIDA NA NOSSA ESCOLA?

PLANEJAMENTO

1. CONVERSEM SOBRE ALGUNS COMBINADOS QUE PODEM MELHORAR A CONVIVÊNCIA NA ESCOLA.
2. ESCOLHAM ALGUNS COMPORTAMENTOS QUE DEVERIAM OU QUE NÃO DEVERIAM EXISTIR NA ESCOLA.

REGISTRO

1. AJUDEM A PROFESSORA A REGISTRAR NO QUADRO UMA LISTA DE REGRAS. PARA ISSO, FAÇAM SUGESTÕES DO QUE PODERIA ENTRAR NA LISTA.
2. ESPEREM SEMPRE A VEZ DE CADA COLEGA FALAR E OUÇAM COM ATENÇÃO AS SUGESTÕES DE CADA UM.

REVISÃO, EDIÇÃO E CIRCULAÇÃO

1. LEIAM JUNTOS AS REGRAS PARA VER SE FICARAM CLARAS E COMPLETAS.
2. COPIEM AS REGRAS NO CADERNO.
3. COLABOREM COM A MONTAGEM DE UM PAINEL COM TODAS AS REGRAS PARA QUE ELE SEJA EXPOSTO NA SALA DE AULA E POSSA SER LIDO POR TODOS.

AVISO

REGRAS SÃO IMPORTANTES PARA MELHORAR O CONVÍVIO E AVISOS AJUDAM A LEMBRAR DE ALGUMAS REGRAS. VAMOS AVISAR?

1. ESCOLHAM UMA DAS REGRAS PARA FAZER UM AVISO.
2. COPIEM A REGRA ESCOLHIDA EM PAPEL AVULSO OU DIGITEM NO COMPUTADOR.

3. ILUSTREM O AVISO COM DESENHOS OU COLAGEM.

4. PODEM SER USADOS SÍMBOLOS:

COM TRAÇO: É PROIBIDO.

SEM TRAÇO: É PERMITIDO.

5. COLOQUEM O AVISO NO LOCAL ADEQUADO, DE ACORDO COM A REGRA QUE ESCOLHERAM, PARA QUE TODOS POSSAM LER.

PALAVRAS EM JOGO 1

LETRA Z

1 COPIE A PALAVRA INICIADA COM **Z** QUE INDICA O LUGAR PARA ONDE **ZÉLIA** FOI COM OS COLEGAS DA ESCOLA: _____

2 FALE A PALAVRA E ESCREVA QUANTAS SÍLABAS ELA TEM: _____

3 ENCONTRE NO QUADRO O NOME DE **ZÉLIA** E DE 2 BICHOS.

B	Z	E	B	R	A	M	O	L	A
T	A	Z	A	B	O	L	E	Z	A
Z	E	U	Z	A	N	G	Ã	O	P
M	A	R	M	Z	U	C	A	I	A
P	A	Z	I	O	Z	É	L	I	A

4 LIGUE AS LETRAS USANDO CORES:

- **VERMELHO**: PARA LIGAR AS LETRAS MAIÚSCULAS.
- **AZUL**: PARA LIGAR AS LETRAS MINÚSCULAS.

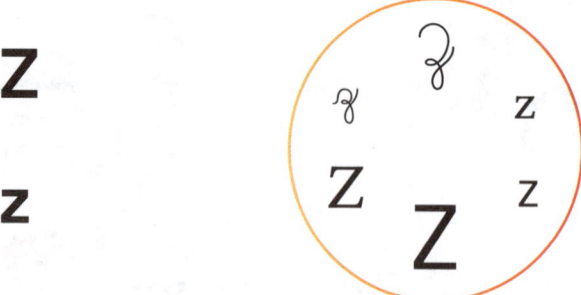

5 TRACE A LETRA **Z** NA PÁGINA 45 DO **CADERNO DE ATIVIDADES**.

ATIVIDADES

1 OBSERVEM A CENA ATENTAMENTE.

GILLES EDUAR. **ALFABETO DE HISTÓRIAS**. SÃO PAULO: ÁTICA, 2008.

A) CIRCULEM AS FIGURAS QUE TÊM A LETRA **Z** NO NOME.

B) ESCREVAM OS NOMES ENCONTRADOS.

_____

_____

C) COMPAREM AS PALAVRAS DE VOCÊS COM AS DE OUTRAS DUPLAS E FAÇAM UMA LISTA COM TODOS OS NOMES ENCONTRADOS.

2 OBSERVE OS NOMES.

ZECA	ZULEICA	ZILÁ	ZORAIDE	ZACARIAS

A) COMO VOCÊ ESCREVERIA ESSES NOMES NA ORDEM ALFABÉTICA?

_____

B) EM QUE VOCÊ PENSOU PARA RESPONDER?

3 **DITADO DO ALFABETO**. ESCREVA NO CADERNO O NOME DAS LETRAS QUE A PROFESSORA VAI DITAR.

LETRA Z

ZÉLIA QUER SABER A ORIGEM DA FORMA DA LETRA **Z**.

OUÇA O QUE A PROFESSORA VAI CONTAR.

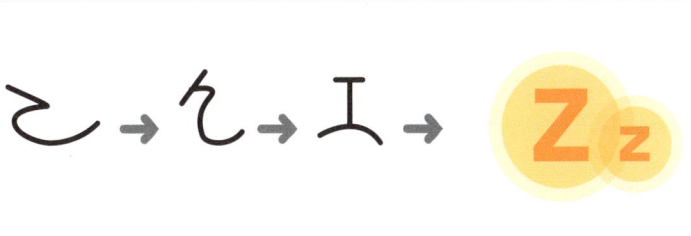

Dnepwu/Arquivo da editora

 **PALAVRAS EM JOGO 2**

LETRA Q

1 OBSERVE ESTA PALAVRA:

> **PARQUE – QUE**

VEJA OUTRAS PALAVRAS COM ESSE SOM:

> **QUIBE – QUI**

> **QUERIDO – QUE**

A) FALE EM VOZ ALTA AS PALAVRAS E AS SÍLABAS DESTACADAS.

B) NAS SÍLABAS QUI E QUE, HÁ UMA LETRA CONHECIDA, MAS O SOM DELA NÃO É PRONUNCIADO. QUAL É A LETRA? _____

2 LEIA E OBSERVE ONDE FALTA UMA SÍLABA EM CADA PALAVRA. REESCREVA AS PALAVRAS COM A SÍLABA ADEQUADA: QUE OU QUI.

PERITO _____

ESLO _____

MOSTO _____

MOCA _____

3 LIGUE AS LETRAS USANDO CORES:

- **VERMELHO**: PARA LIGAR AS LETRAS MAIÚSCULAS.
- **AZUL**: PARA LIGAR AS LETRAS MINÚSCULAS.

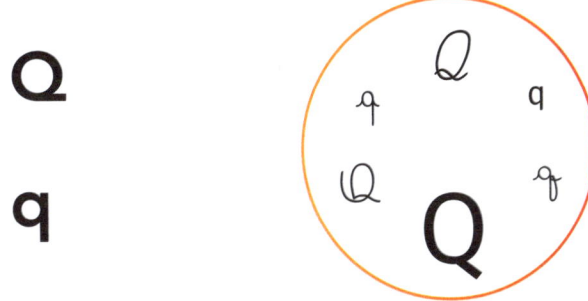

4 TRACE A LETRA **Q** NA PÁGINA 46 DO **CADERNO DE ATIVIDADES**.

ATIVIDADES

1 LEIA AS PALAVRAS DO QUADRO ABAIXO. OBSERVE A SEQUÊNCIA DO SOM DAS SÍLABAS DESTACADAS.

BATATA	**BE**BIDA	**BI**FE	**BO**LO	**BU**LE
CAPA				
DADO	**DE**DO	**DI**A	**DO**NO	**DU**RO

AGORA, COMPLETE A SEQUÊNCIA QUE FALTA NO QUADRO COM AS PALAVRAS DO ☐ A SEGUIR.

DICA: OBSERVE A SEQUÊNCIA DO SOM DAS VOGAIS NA PRIMEIRA SÍLABA DE CADA UMA DESSAS PALAVRAS. A PRIMEIRA PALAVRA JÁ ESTÁ ESCRITA!

QUIRINO	CAPA	QUEPE
COCO	CUBO	

2 OS ALIMENTOS E OS ANIMAIS ESTÃO MISTURADOS. QUE CONFUSÃO!

A) VAMOS ORGANIZAR. COPIE CADA NOME NA LISTA CORRETA.

ATENÇÃO: VAI SOBRAR UMA PALAVRA.

ESQUILO	CAQUI	QUIBE	QUEIJO
PERIQUITO	LEQUE	MOSQUITO	QUINDIM

LISTA DE ANIMAIS	LISTA DE ALIMENTOS

B) QUE PALAVRA NÃO CABE EM NENHUMA DAS LISTAS?

_____

LETRA Q

QUIRINO QUERIA SABER A ORIGEM DA LETRA Q.
OUÇA O QUE A PROFESSORA VAI CONTAR.

Dnepwu/Arquivo da editora

🍊 PESQUISA

1 EM JORNAIS E REVISTAS, PROCURE 5 PALAVRAS COM **QUE** OU **QUI**. RECORTE ESSAS PALAVRAS E COLE-AS NO CADERNO.

2 RECORTE DE JORNAIS E REVISTAS 2 PALAVRAS QUE TENHAM A LETRA **Z** E COLE-AS NO CADERNO. VOCÊ VAI AJUDAR A PROFESSORA A FAZER UMA LISTA COM ESSAS PALAVRAS.

🍊 MEMÓRIA EM JOGO

1 LEIA ESTES VERSOS.

A DONA ZAZÁ
ZOMBA DO AZAR.
ADORA O TREZE
E DIZ QUE O ZERO
É QUE DÁ ZEBRA.

ELIAS JOSÉ. **O QUE SE VÊ NO ABECÊ...**
SÃO PAULO: PAULUS, 2004. P. 37.

Silvana Rando/Arquivo da editora

NA PÁGINA 45 DO **CADERNO DE ATIVIDADES**, ESCREVA COMO LEMBRAR OS VERSOS QUE ACABOU DE LER.

2 AGORA VAMOS LER UMA PARLENDA.

— CACÁ QUER CAQUI COM COCO?

— SIM, CACÁ QUER CAQUI COM COCO!

— COM QUE COCO CACÁ QUER CAQUI?

— CACÁ QUER CAQUI COM QUALQUER COCO!

ANDRÉ CARVALHO E DAVI DE CARVALHO.
COMO BRINCAR À MODA ANTIGA. BELO
HORIZONTE: LÊ, 1987.

Camila de Godoy/
Arquivo da editora

NA PÁGINA 46 DO **CADERNO DE ATIVIDADES**, REGISTRE DO SEU JEITO A PARLENDA QUE VOCÊ LEU.

LEGENDA

PARA INICIAR

YARA E **KAUÊ** SÃO CRIANÇAS DE ORIGEM INDÍGENA.

ELES ESTÃO SEMPRE BRINCANDO COM **WESLEY**.

OS TRÊS TROUXERAM UM BRINQUEDO DE QUE OS INDÍGENAS GOSTAM MUITO PARA MOSTRAR AOS COLEGAS.

VEJA AS FOTOGRAFIAS.

KOPU-KOPU: JOGO DOS INDÍGENAS **KALAPALO** COM PETECA FEITA DE PALHA DE MILHO E FOLHAS.

PETECA INDÍGENA.

VOCÊ CONHECE ESSE BRINQUEDO?

VAMOS FAZER UMA **PETECA** E BRINCAR MUITO! MÃOS À OBRA!

MATERIAL

- AREIA.

- 1 SAQUINHO DE PLÁSTICO OU DE PANO. (ESCOLHA UM FEITO DE MATERIAL FORTE.)

- 1 ELÁSTICO.

- PENAS COLORIDAS.

MODO DE FAZER

1. COLOQUE A AREIA NO SAQUINHO.

2. NO CENTRO DESSA TROUXINHA, ENCAIXE AS PENAS E AMARRE COM O ELÁSTICO, DANDO VÁRIAS VOLTAS.

3. AGORA É SÓ BRINCAR EM UM ESPAÇO AMPLO. BOA DIVERSÃO!

Ilustrações: Camila de Godoy/Arquivo da editora

ALÉM DOS BRINQUEDOS, **YARA** E **KAUÊ** TROUXERAM FOTOGRAFIAS DE DOIS GRUPOS INDÍGENAS: OS **YANOMAMI** E OS **KUIKURO**. VAMOS CONHECER UM POUCO MAIS SOBRE ELES?

WESLEY TAMBÉM TROUXE UMA FOTOGRAFIA COM UMA CURIOSIDADE, MAS ELE AINDA NÃO A MOSTROU PARA SEUS AMIGOS. O QUE SERÁ?

Edson Sato/Pulsar Imagens
Edson Sato/Pulsar Imagens
Rita Barreto/ Acervo da fotógrafa
Ilustrações: Dnepwu/ Arquivo da editora

OBSERVE AS IMAGENS COM OS COLEGAS: OS LUGARES, AS PESSOAS E OS DETALHES. ABAIXO DE CADA FOTOGRAFIA HÁ UMA INFORMAÇÃO: É A **LEGENDA**.

TENTEM LER ESSAS LEGENDAS SOZINHOS. QUEM GOSTARIA DE LER ESSAS LEGENDAS EM VOZ ALTA?

🍊 LEITURA: LEGENDA

CASA-ALDEIA **YANOMAMI** ONDE MORAM MAIS DE 50 PESSOAS.

ALDEIA **KUIKURO** EM UMA CLAREIRA. NO CENTRO, A CASA ONDE SÓ DEVEM ENTRAR HOMENS.

CRIANÇAS **KUIKUROS**.

CRIANÇAS **YANOMAMIS**.

🍊 INTERPRETAÇÃO DO TEXTO

ATIVIDADE ORAL E ESCRITA

1 COPIE NOS QUADROS O NOME DE CADA GRUPO INDÍGENA QUE APARECE NAS FOTOGRAFIAS DA PÁGINA ANTERIOR.

_____

_____

2 LIGUE CADA FOTOGRAFIA AO QUE ELA MOSTRA.

CRIANÇAS **KUIKUROS**.	CASA-ALDEIA **YANOMAMI**.	ALDEIA **KUIKURO** EM UMA CLAREIRA.

3 PINTE A RESPOSTA CERTA.

AS LEGENDAS SERVEM PARA:

☐ DIVERTIR O LEITOR.

☐ COMPLETAR INFORMAÇÕES DAS FOTOS.

☐ DEIXAR AS FOTOS MAIS BONITAS.

4 CIRCULE A LEGENDA DA FOTO QUE MAIS CHAMOU SUA ATENÇÃO NA PÁGINA 268.

5 PREPARE A LEITURA PARA APRESENTAR ESSA FOTO. DIGA A TODOS POR QUE A ESCOLHEU.

6 COM A AJUDA DA PROFESSORA, RELEIA A LEGENDA DA **FOTOGRAFIA 1**.

> CASA-ALDEIA **YANOMAMI** ONDE MORAM MAIS DE 50 PESSOAS.

MARQUE COM UM **X** O ☐ DA FRASE QUE PODE EXPLICAR POR QUE O LUGAR ONDE MORAM É CHAMADO DE **CASA-ALDEIA**.

☐ É UMA CASA QUE FICA EM UMA ALDEIA NO MEIO DA FLORESTA.

☐ É UMA CASA ONDE MORAM JUNTAS MUITAS PESSOAS DE UMA ALDEIA.

☐ É UMA CASA PEQUENA PARA QUE APENAS OS ADULTOS DA ALDEIA MOREM NELA.

7 OBSERVE OUTRA VEZ A **FOTOGRAFIA 3**.

Rita Barreto/Acervo da fotógrafa

ESSA FOTOGRAFIA MOSTRA UM HÁBITO DE ADULTOS E CRIANÇAS **KUIKUROS**.

MARQUE A RESPOSTA QUE INDICA QUAL É ESSE HÁBITO.

☐ COMER VEGETAIS.   ☐ BRINCAR DE PETECA.

☐ PINTAR O ROSTO E O CORPO.   ☐ NADAR NO RIO.

🍊 PRÁTICA DE ORALIDADE

CONVERSA EM JOGO

CONVIVER COM MUITAS PESSOAS

NA CASA DOS **YANOMAMI** E DOS **KUIKURO** MORAM MUITAS PESSOAS.

EM SUA OPINIÃO, É FÁCIL MORAR COM TANTA GENTE REUNIDA ASSIM?

NA ESCOLA TAMBÉM CONVIVEMOS COM MUITAS PESSOAS.

CONVERSEM SOBRE O QUE PODE SER AGRADÁVEL E O QUE PODE SER DIFÍCIL QUANDO SE CONVIVE COM MUITA GENTE.

🍊 PRODUÇÃO DE TEXTO

LEGENDA PARA FOTOS

É A VEZ DE VOCÊS PRODUZIREM LEGENDAS PARA DAR INFORMAÇÕES SOBRE FOTOGRAFIAS. A PRIMEIRA FOTO JÁ ESTÁ ESCOLHIDA, A SEGUNDA VOCÊS É QUE VÃO TRAZER.

PLANEJAMENTO E ESCRITA DA FOTO 1

1. OBSERVEM A FOTOGRAFIA E LEIAM O NOME DO GRUPO INDÍGENA AO LADO DA IMAGEM.

2. OBSERVEM E CRIEM UMA FRASE PARA SER A LEGENDA DELA.

Edson Sato/Pulsar Imagens

YANOMAMI

_____

_____

_____

_____

PLANEJAMENTO E ESCRITA DA FOTO 2

AGORA É A VEZ DE VOCÊS:

1. ESCOLHAM UMA FOTO INTERESSANTE E COLEM EM UMA FOLHA DE PAPEL.

2. PESQUISEM UMA INFORMAÇÃO SOBRE A IMAGEM E PENSEM EM UMA FRASE PARA SER A LEGENDA DA FOTO.

3. ESCREVAM A LEGENDA COM A AJUDA DA PROFESSORA.

REVISÃO E CIRCULAÇÃO

1. RELEIAM A LEGENDA E OBSERVEM SE ESTÁ FÁCIL DE ENTENDER.

2. AGUARDEM AS INSTRUÇÕES DA PROFESSORA PARA MONTAR UM PAINEL DE FOTOS COM LEGENDAS.

PALAVRAS EM JOGO

LETRA Y

1 LIGUE O NOME DO GRUPO INDÍGENA AOS NOMES DE PESSOAS QUE COMEÇAM COM A MESMA LETRA DESTACADA.

KAREN

YANOMAMI

YARA

KUIKURO

KAUÊ

YURI

2 LEIA COM ATENÇÃO E EM VOZ ALTA O NOME DO GRUPO INDÍGENA.

YANOMAMI

A) CIRCULE AS LETRAS DIFERENTES QUE REPRESENTAM SONS IGUAIS NESSA PALAVRA.

B) COM OS COLEGAS, REGISTRE NA LINHA A SEGUIR O QUE PODEMOS CONCLUIR.

_____

3 LIGUE AS LETRAS USANDO CORES:

- **VERMELHO**: PARA LIGAR AS LETRAS MAIÚSCULAS.
- **AZUL**: PARA LIGAR AS LETRAS MINÚSCULAS.

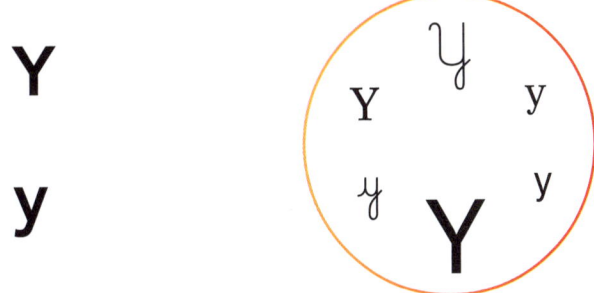

4 NA PÁGINA 48 DO **CADERNO DE ATIVIDADES** TRACE A LETRA **Y**.

LETRA K

1 LEIA ESTES 2 NOMES.

KUI**K**URO   **K**AUÊ

- OBSERVE AS LETRAS DESTACADAS NESSAS PALAVRAS.
- SUBSTITUA A LETRA DESTACADA POR OUTRA QUE VOCÊ CONHECE E QUE REPRESENTE O MESMO SOM.
- REESCREVA ESSAS PALAVRAS NOS QUADROS.

_____   _____

2 FALEM 3 PALAVRAS COM A LETRA **K** PARA A PROFESSORA COMPOR UMA LISTA.

3 LIGUE AS LETRAS USANDO CORES:

- **VERMELHO**: PARA LIGAR AS LETRAS MAIÚSCULAS.
- **AZUL**: PARA LIGAR AS LETRAS MINÚSCULAS.

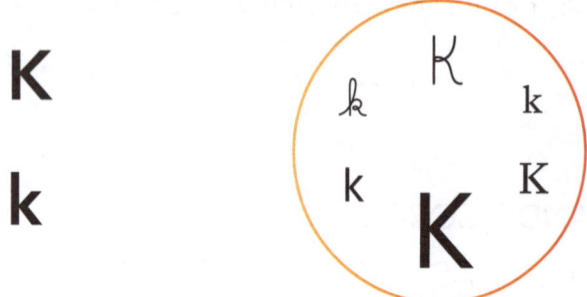

4 NA PÁGINA 47 DO **CADERNO DE ATIVIDADES** TRACE A LETRA **K**.

LETRA W

WESLEY TAMBÉM TROUXE UMA FOTOGRAFIA COM LEGENDA.

NESSA LEGENDA, HÁ UMA PALAVRA INDÍGENA QUE COMEÇA COM A LETRA INICIAL DO NOME DELE: **W**.

Dnepwul/Arquivo da editora

1 OBSERVEM A FOTOGRAFIA E LEIAM JUNTOS A LEGENDA. CONVERSEM SOBRE AS PALAVRAS QUE NÃO CONHECEREM.

Pixabay/pixabay.com

WAXINI É A FORMA TUPI-GUARANI DE FALAR **GUAXINIM**.

2 CONVERSEM SOBRE A FOTOGRAFIA E A LEGENDA TRAZIDAS POR **WESLEY**. VOCÊS GOSTARAM DESSAS INFORMAÇÕES? POR QUÊ?

3 NA ATIVIDADE 1, PINTE A LETRA QUE INICIA O NOME INDÍGENA DO ANIMAL DA FOTOGRAFIA TRAZIDA POR **WESLEY**.

4 CIRCULE ESSA MESMA LETRA NOS NOMES A SEGUIR. FALE ESSES NOMES EM VOZ ALTA.

Reprodução/© Marvel Characters, Inc.

WOLVERINE

Dnepwu/Arquivo da editora

WESLEY

A) QUAL LETRA VOCÊ CONHECE QUE PODE SUBSTITUIR O **W** NO NOME WOLVERINE? _____

B) E NO NOME **WESLEY**? _____

5 LIGUE AS LETRAS USANDO CORES:

- **VERMELHO**: PARA LIGAR AS LETRAS MAIÚSCULAS.
- **AZUL**: PARA LIGAR AS LETRAS MINÚSCULAS.

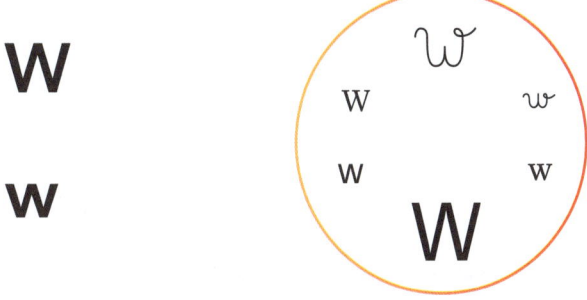

6 NA PÁGINA 49 DO **CADERNO DE ATIVIDADES** TRACE A LETRA **W**.

ATIVIDADES

ATIVIDADE ORAL E ESCRITA

1 A LETRA **Y** APARECE EM ALGUMAS MARCAS E NOMES DE PRODUTOS DE ORIGEM ESTRANGEIRA.

PESQUISE 2 MARCAS OU NOMES DE PRODUTOS.

SE POSSÍVEL, RECORTE E COLE NO QUADRO A SEGUIR, OU APENAS COPIE.

2 ESTE É UM JOGADOR BRASILEIRO DE FUTEBOL.

Shaun Botterill/FIFA/Getty Images

ELE É CONHECIDO COMO **KAKÁ**. ESSE É O SEU APELIDO.

DE QUE OUTRA FORMA O APELIDO **KAKÁ** PODERIA SER ESCRITO?

ESCREVA NO ☐ ACIMA.

3 LEIA EM VOZ ALTA OS NOMES DA LISTA A SEGUIR.

| WILLIAN | WANDA | WAGNER | WALACE | WALTER |

TODOS OS NOMES DESSA LISTA SÃO DE ORIGEM ESTRANGEIRA.

- CIRCULE O **W** NOS NOMES DA LISTA.
- PINTE OS NOMES EM QUE A LETRA **W** REPRESENTA O MESMO SOM QUE EM **WESLEY**.

4 EM NOSSO COTIDIANO ENCONTRAMOS NOMES DE PRODUTOS E MARCAS COM A LETRA **W**. SÃO PALAVRAS DE ORIGEM ESTRANGEIRA. PESQUISE 2 NOMES OU MARCAS COM A LETRA **W**, RECORTE E COLE NO QUADRO A SEGUIR.

PESQUISA

- PESQUISEM EM JORNAIS E REVISTAS 2 PALAVRAS COM CADA UMA DAS LETRAS: K, Y E W.
- RECORTEM E COLEM NO CADERNO.
  TRAGAM PARA A SALA E MONTEM UMA LISTA COM ESSAS PALAVRAS. VOCÊS PODEM COMPLEMENTAR ESSA LISTA COM AS PALAVRAS PESQUISADAS NAS ATIVIDADES 1 E 4.

LETRAS Y, K, W

YARA QUER SABER MAIS INFORMAÇÕES SOBRE A LETRA Y.
ACOMPANHE COM A PROFESSORA.

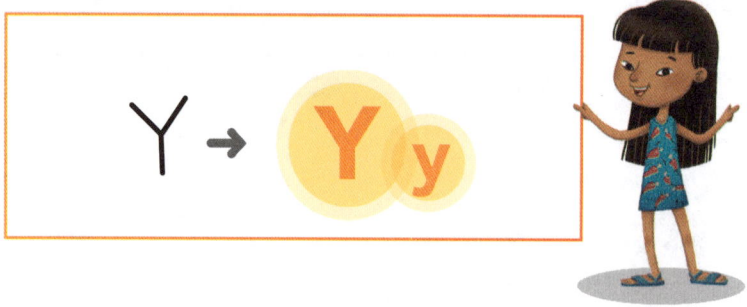

KAUÊ QUER SABER DE ONDE VEM A LETRA K.
A PROFESSORA VAI CONTAR.

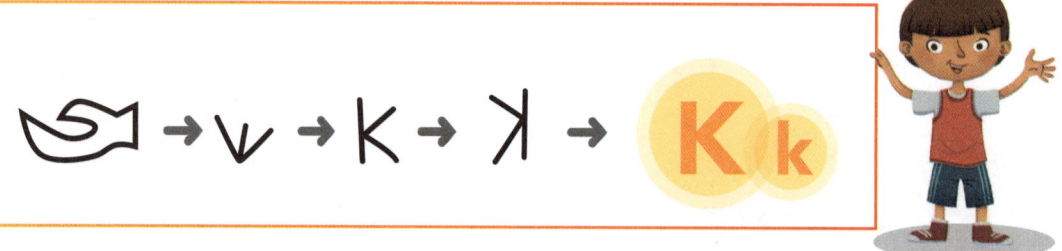

A LETRA W VEM DA LÍNGUA INGLESA.
WESLEY QUER SABER COMO ELA SURGIU.
OUÇA O QUE A PROFESSORA VAI CONTAR.

Ilustrações: Dnepwu/ Arquivo da editora

MEMÓRIA EM JOGO

LEIA COM OS COLEGAS ESTAS QUADRINHAS SOBRE AS LETRAS QUE VOCÊS ESTUDARAM.

QUADRINHA 1

O **Y** É LETRA RARA,
PARECE UMA TAÇA.
O NOME COM **Y**
GANHA MAIS GRAÇA.

QUADRINHA 2

É UMA PALAVRA
DIVERTIDA COMO O QUÊ!
TEM DUAS VEZES A LETRA **K**:
É **KARAOKÊ**.

QUADRINHA 3

O **W** É LETRA AMIGA.
OLHE E DIGA O QUE VÊ:
SEJA DE LONGE OU DE PERTO,
O **W** NÃO PARECE DUAS VEZES O **V**?

Ilustrações: Silvana Rando/ Arquivo da editora

TEXTOS ESCRITOS PELAS AUTORAS.

A) SERÁ QUE VOCÊ CONSEGUE MEMORIZAR AS 3 QUADRINHAS? TENTE LER SOZINHO AS QUADRINHAS PARA MEMORIZÁ-LAS. SE PRECISAR, PEÇA AJUDA A UM COLEGA OU À PROFESSORA.

B) REGISTRE DE MEMÓRIA O QUE CONSEGUIR NAS PÁGINAS 47, 48 E 49 DO **CADERNO DE ATIVIDADES**.

O QUE ESTUDAMOS

A TURMA QUE CONHECEMOS

NAS PÁGINAS DESTE LIVRO, VOCÊ ACOMPANHOU CRIANÇAS EM BRINCADEIRAS E EM LEITURAS.

Dnepwu/Arquivo da editora

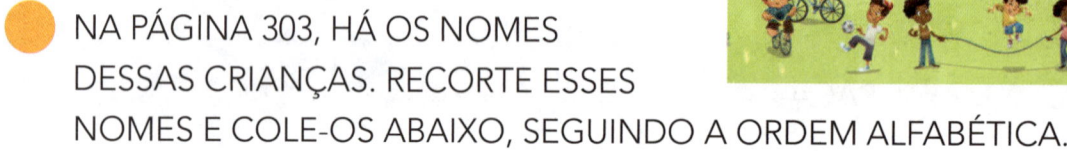

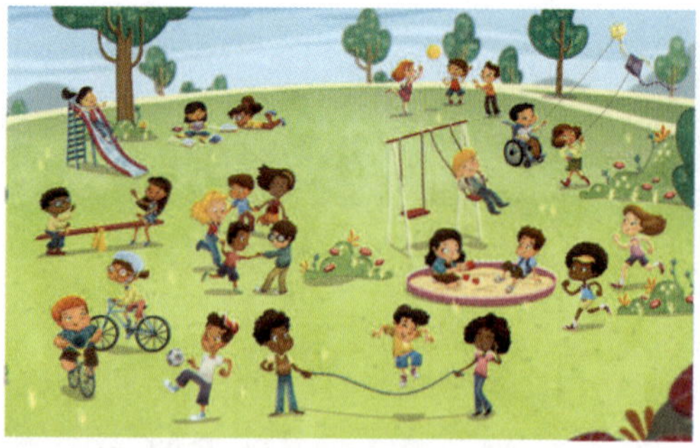

- NA PÁGINA 303, HÁ OS NOMES DESSAS CRIANÇAS. RECORTE ESSES NOMES E COLE-OS ABAIXO, SEGUINDO A ORDEM ALFABÉTICA.

A		J		S	
B		K		T	
C		L		U	
D		M		V	
E		N		W	
F		O		X	
G		P		Y	
H		Q		Z	
I		R			

PROJETO DE LEITURA

CONVITE

CARO ALUNO,

CHEGOU A HORA DE LER O LIVRO **O MENINO QUE DESCOBRIU AS PALAVRAS**.

CONVIDAMOS VOCÊ PARA UMA VIAGEM POR MEIO DE PALAVRAS, FORMAS E CORES...

UMA VIAGEM CHEIA DE EMOÇÃO, EM COMPANHIA DOS COLEGAS!

AGUARDE AS INSTRUÇÕES DA PROFESSORA PARA COMEÇAR.

BOA VIAGEM!

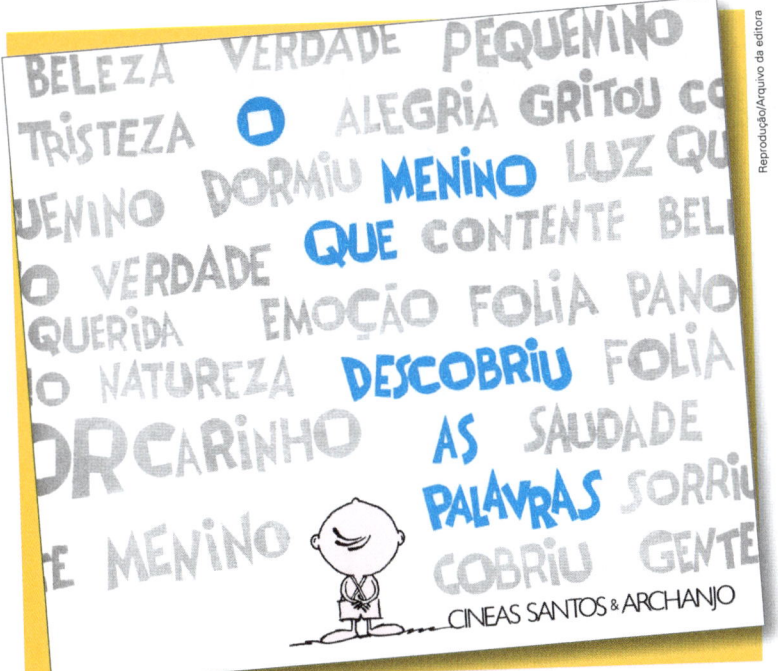

OS DIREITOS DE REPRODUÇÃO DO TEXTO E DAS ILUSTRAÇÕES FORAM CEDIDOS PELOS AUTORES.

ERA UMA VEZ UM MENINO
QUE, AINDA BEM PEQUENINO,

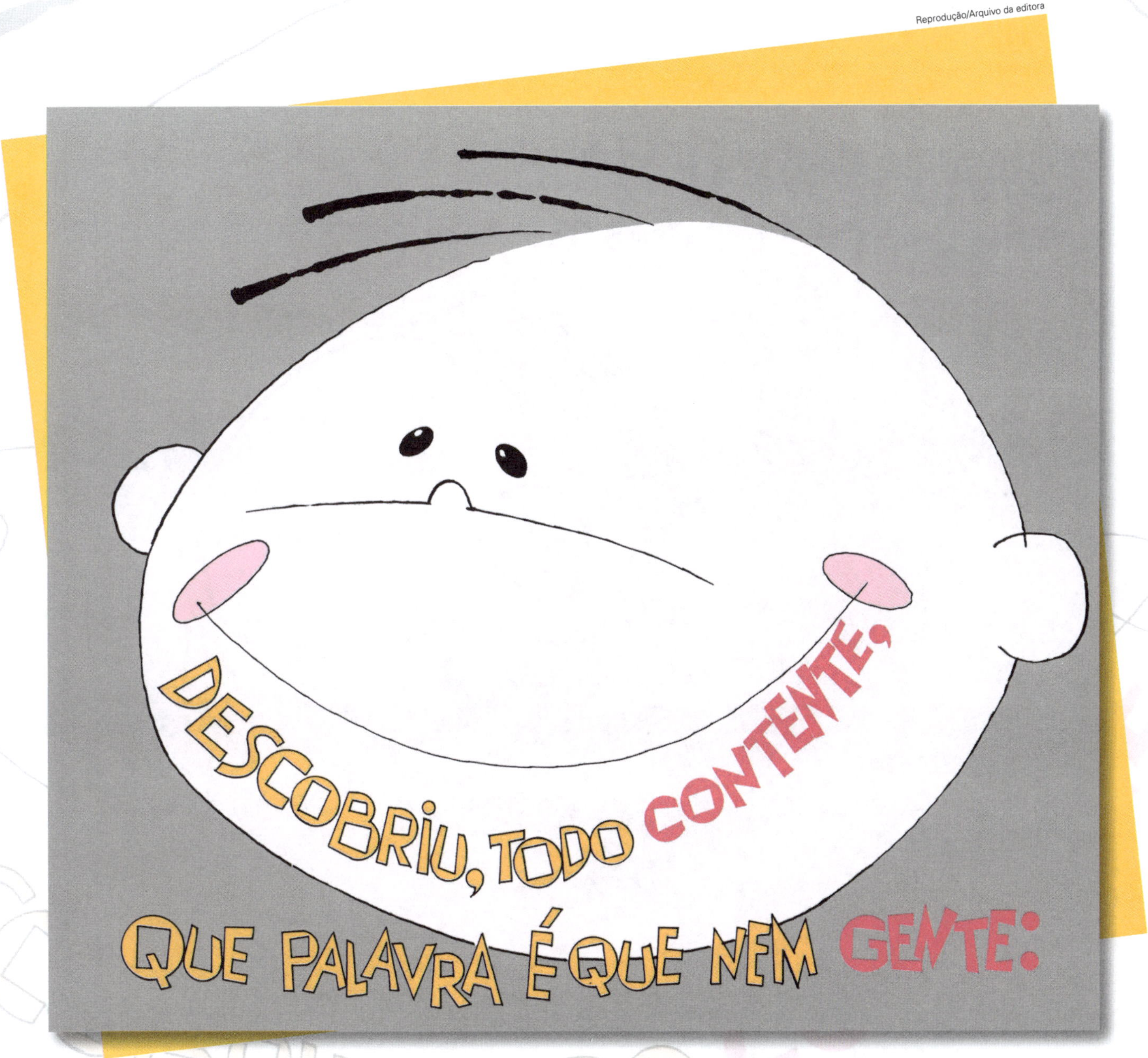
DESCOBRIU, TODO CONTENTE,
QUE PALAVRA É QUE NEM GENTE:

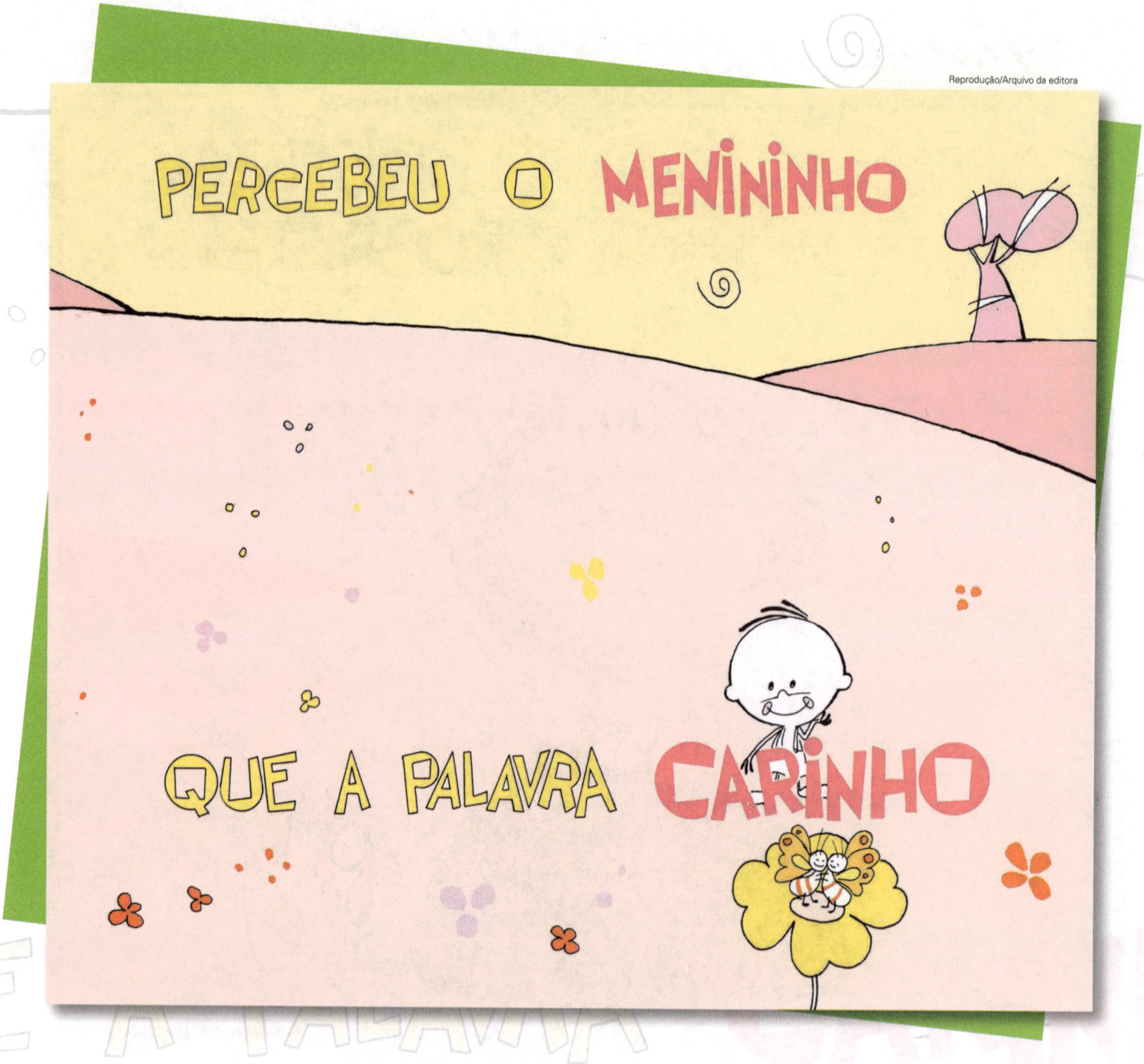
Reprodução/Arquivo da editora
PERCEBEU O MENININHO
QUE A PALAVRA CARINHO

Reprodução/Arquivo da editora

NÃO SE CONTEVE E GRITOU:

"CARINHO É FILHO DO AMOR!"

CINEAS SANTOS. **O MENINO QUE DESCOBRIU AS PALAVRAS**. SÃO PAULO: ÁTICA, 1993.

Bibliografia

BAGNO, Marcos. *Não é errado falar assim! Em defesa do português brasileiro*. São Paulo: Parábola, 2009.

_____. *O preconceito linguístico*. 2. ed. São Paulo: Loyola, 1999.

BAKHTIN, Mikhail. *Estética da criação verbal*. Tradução de Maria Ermantina G. Pereira. 2. ed. São Paulo: Martins Fontes, 1997.

BECHARA, Evanildo. *Moderna gramática portuguesa*. 38. ed. rev. e ampl. Rio de Janeiro: Nova Fronteira, 2015.

BERTIN, Terezinha Costa Hashimoto. *Linguagem e apropriação de conhecimentos*: reencontrar o sujeito na relação com o conhecer. Dissertação (Mestrado) – USP, São Paulo, 2000.

BORBA, Francisco da Silva. *Dicionário de usos do português do Brasil*. São Paulo: Ática, 2002.

BRANDÃO, Helena Nagamine (Coord.). *Gêneros do discurso na escola*: mito, conto, cordel, discurso político, divulgação científica. 3. ed. São Paulo: Cortez, 2002. v. 5. (Col. Aprender e ensinar com textos).

BRASIL. Ministério da Educação. Secretaria de Educação Fundamental. *Secretaria de Educação Básica. Base Nacional Comum Curricular.* Brasília, 2018.

_____. *Parâmetros Curriculares Nacionais*: primeiro e segundo ciclos do Ensino Fundamental: Língua Portuguesa. Brasília, 1997.

_____. *Parâmetros Curriculares Nacionais*: terceiro e quarto ciclos do Ensino Fundamental: Língua Portuguesa. Brasília, 1998.

_____. *Pró-letramento*: programa de formação continuada de professores dos anos/séries iniciais do Ensino Fundamental: Alfabetização e Linguagem. Brasília, 2007.

_____. *Referencial Curricular Nacional para a Educação Infantil*. Brasília, 1998. v. 1, 2 e 3.

CAGLIARI, Luiz Carlos. *Alfabetização & linguística*. São Paulo: Scipione, 1989.

_____. *Alfabetizando sem o BÁ-BÉ-BI-BÓ-BU*. São Paulo: Scipione, 1998.

COLL, César et al. *Os conteúdos na reforma*. Porto Alegre: Artmed, 1998.

DIONÍSIO, Ângela P.; MACHADO, Anna R.; BEZERRA, Maria A. *Gêneros textuais e ensino*. 4. ed. Rio de Janeiro: Lucerna, 2005.

FÁVERO, Leonor Lopes et al. *Oralidade e escrita*: perspectivas para o ensino da língua materna. 3. ed. São Paulo: Cortez, 2002.

FAZENDA, Ivani (Org.). *Dicionário em construção*. São Paulo: Cortez, 2002.

FERREIRO, Emilia; TEBEROSKY, Ana. *Psicogênese da língua escrita*. Tradução de Diana Lichtenstein et al. Porto Alegre: Artmed, 1988.

HOFFMANN, Jussara; JANSSEN, Felipe da Silva; ESTEBAN, Maria Teresa (Org.). *Práticas avaliativas e aprendizagens significativas em diferentes áreas do currículo*. 6. ed. Porto Alegre: Mediação, 2008.

ILARI, Rodolfo. *Introdução à semântica*: brincando com a gramática. São Paulo: Contexto, 2001.

_____. *Introdução ao estudo do léxico*: brincando com as palavras. São Paulo: Contexto, 2002.

JUBRAN, Clélia S. (Org.). *A construção do texto falado*. São Paulo: Contexto, 2015.

KLEIMAN, Ângela. *Oficina de leitura*: teoria e prática. 6. ed. Campinas: Pontes, 1998.

_____. (Org.). *Os significados do letramento*: uma nova perspectiva sobre a prática social da escrita. Campinas: Mercado de Letras, 1995.

_____. *Texto e leitor*: aspectos cognitivos da leitura. 6. ed. Campinas: Pontes, 1999.

_____; MORAES, Silvia E. *Leitura e interdisciplinaridade*: tecendo redes nos projetos da escola. Campinas: Mercado de Letras, 1999.

KOCH, Ingedore Villaça. *A coesão textual*. 2. ed. São Paulo: Contexto, 1990.

_____. *Desvendando os segredos do texto*. São Paulo: Cortez, 2002.

_____. *Ler e escrever*: estratégias de produção textual. São Paulo: Contexto, 2009.

_____. *O texto e a construção dos sentidos*. São Paulo: Contexto, 1997.

_____; ELIAS, Vanda Maria. *Ler e compreender os sentidos do texto*. São Paulo: Contexto, 2006.

_____; TRAVAGLIA, Luiz C. *A coerência textual*. São Paulo: Contexto, 1990.

LAJOLO, Marisa. *Do mundo da leitura para a leitura do mundo*. 4. ed. São Paulo: Ática, 1999.

LEMLE, Miriam. *Guia teórico do alfabetizador*. 16. ed. rev. e atual. São Paulo: Ática, 2004.

LERNER, Délia. *Ler e escrever na escola*. Porto Alegre: Artmed, 2002.

MACHADO, Irene A. *Literatura e redação: os gêneros literários e a tradição oral*. São Paulo: Scipione, 1994.

MARCUSCHI, Luiz Antônio. *Da fala para a escrita: atividades de retextualização*. 8. ed. São Paulo: Cortez, 2007.

_____. *Produção textual, análise de gêneros e compreensão*. São Paulo: Parábola Editorial, 2008.

_____; DIONISIO, Ângela P. (Org.). *Fala e escrita*. Belo Horizonte: Autêntica, 2007.

MORAIS, Artur Gomes de. *Ortografia: ensinar e aprender*. 4. ed. São Paulo: Ática, 2000.

NEVES, Maria Helena de Moura. *Gramática de usos do português*. São Paulo: Ed. da Unesp, 2000.

_____; KASSEB-GALVÃO, Vânia Cristina (Org.). *Gramáticas contemporâneas do português: com a palavra, os autores*. São Paulo: Parábola Editorial, 2014.

ROJO, Roxane (Org.). *A prática da linguagem em sala de aula: praticando os PCNs*. São Paulo: Educ; Campinas: Mercado de Letras, 2000.

SCHNEUWLY, Bernard; DOLZ, Joaquim et al. *Gêneros orais e escritos na escola*. Tradução e organização de Roxane Rojo e Glaís Sales Cordeiro. Campinas: Mercado de Letras, 2004.

SMOLKA, Ana Luiza Bustamante. *A criança na fase inicial da escrita: a alfabetização como processo discursivo*. 8. ed. São Paulo: Cortez, 1999.

SOARES, Magda. *Alfabetização: a questão dos métodos*. São Paulo: Contexto, 2016.

_____. *Alfabetização e letramento*. São Paulo: Contexto, 2003.

_____. *Letramento: um tema em três gêneros*. 2. ed. Belo Horizonte: Autêntica, 2004.

SOLÉ, Isabel. *Estratégias de leitura*. Tradução de Cláudia Schilling. 6. ed. Porto Alegre: Artmed, 1998.

TEBEROSKY, Ana. *Aprendendo a escrever: perspectivas psicológicas e implicações educacionais*. Tradução de Cláudia Schilling. São Paulo: Ática, 2002.

TRAVAGLIA, Luiz Carlos. *Gramática e interação: uma proposta para o ensino de gramática no 1º e 2º graus*. 5. ed. São Paulo: Cortez, 1995.

VYGOTSKY, Lev S. *Pensamento e linguagem*. São Paulo: Martins Fontes, 1998.

WEISZ, Telma. As contribuições da psicogênese da língua escrita e algumas reflexões sobre a prática educativa da alfabetização. In: SÃO PAULO. Secretaria da Educação, CENP. *Ciclo básico em jornada única: uma nova concepção de trabalho pedagógico*. São Paulo: FDE, 1988. v. 1.

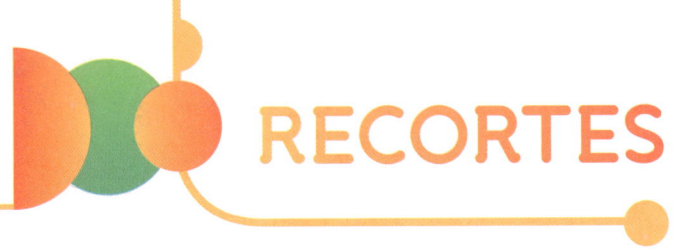

RECORTES

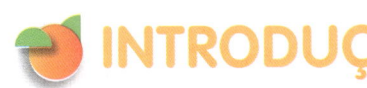

INTRODUÇÃO

AGORA É HORA DE FALAR DE VOCÊ!

- - - - - - CORTE
——— DOBRE

ATIVIDADE 1, PÁGINA 13

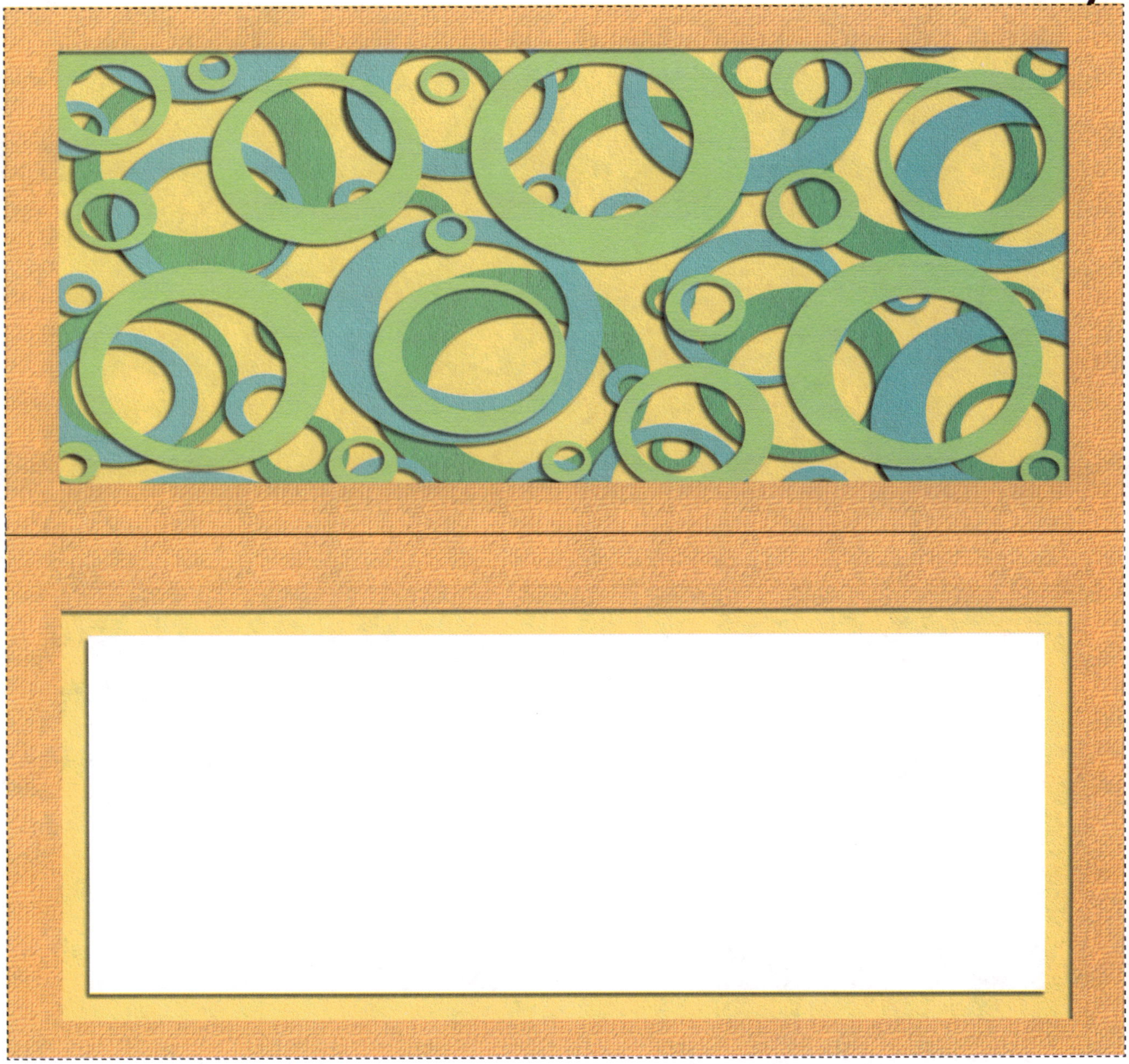

Camila de Godoy/Arquivo da editora

UNIDADE 1

PALAVRAS EM JOGO – AGORA VOCÊ

ATIVIDADE 5, PÁGINA 38

ALICE

CELINA

KAREN

DIOGO

IVO

HELENA

BIA

EDU

GINO

JÚLIA

FÁBIO

LUCAS

UNIDADE 5

INTERPRETAÇÃO DO TEXTO

ATIVIDADE 9, PÁGINA 92

MALUQUINHO ACREDITA QUE ENCONTROU
OVOS DE DINOSSAURO.

OS MENINOS IMAGINAM QUE SÃO PEDRAS
DA ÉPOCA DOS DINOSSAUROS.

MALUQUINHO RESOLVE PROCURAR
OSSOS DE DINOSSAUROS.

A VERDADE É REVELADA:
SÃO PEDRAS E NÃO OVOS.

PARA INICIAR

ATIVIDADE, PÁGINA 108

Camila de Godoy/Arquivo da editora

UNIDADE 6

PALAVRAS EM JOGO – LETRA F

ATIVIDADE 2, PÁGINA 117

FUTEBOL

FIGURINHAS

FOTOS

UNIDADE 7

PALAVRAS EM JOGO – FRASES

ATIVIDADE 2, PÁGINA 137

VIU

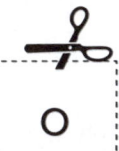

O

GRILO.

UM

CARACOL

JOANINHA.

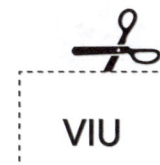

VIU

UMA

CARACOL

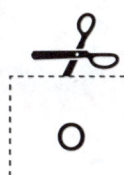

O

UNIDADE 8

PALAVRAS EM JOGO – FRASES

ATIVIDADE 1, PÁGINA 152

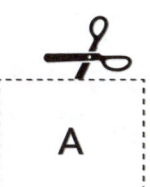

A

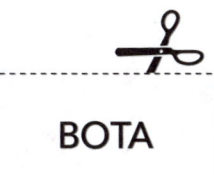

BOTA

GALINHA

 # UNIDADE 14

INTERPRETAÇÃO DO TEXTO

ATIVIDADE 5, PAGINA 219

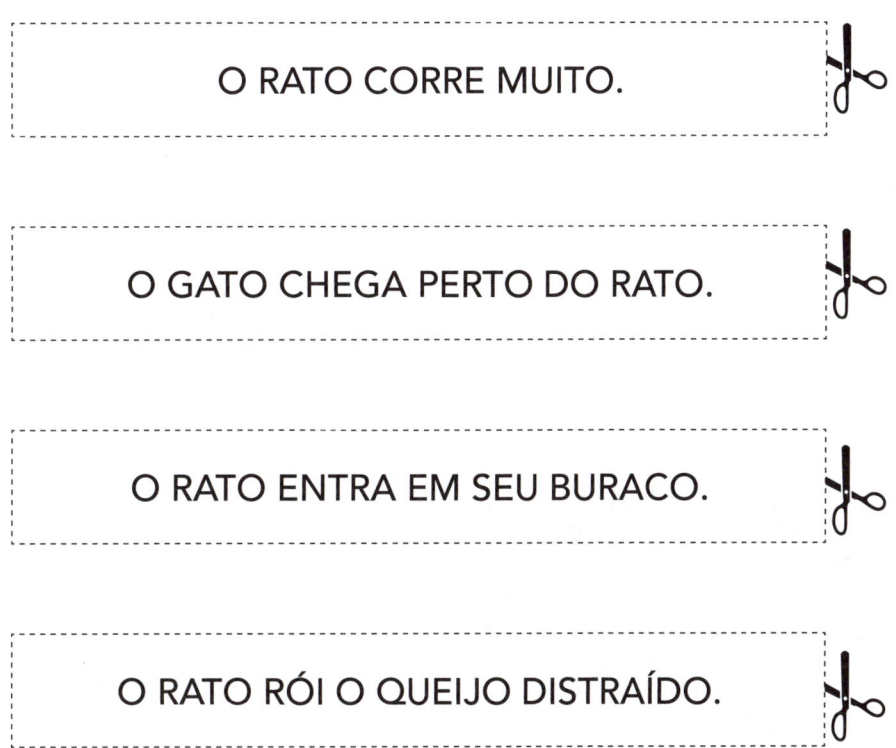

O RATO CORRE MUITO.

O GATO CHEGA PERTO DO RATO.

O RATO ENTRA EM SEU BURACO.

O RATO RÓI O QUEIJO DISTRAÍDO.

 # UNIDADE 15

INTERPRETAÇÃO DO TEXTO

ATIVIDADE 2, PAGINA 233

VOCÊ É UM SAPO OU É UM GATO?

EU SOU UM SAPO!

O SAPO VIU UM RABO DE GATO.

EU SOU UM GATO!

O QUE ESTUDAMOS

A TURMA QUE CONHECEMOS

ATIVIDADE, PÁGINA 280

QUIRINO	WESLEY
YARA	KAUÊ
ZÉLIA	XAVIER
SARA	RENÊ
HELENA	NOÉ
MARIANA	LEO
JOÃO	TATIANA
DANIELA	GABI
CAIO	VERA
FELIPE	PAULA
BIA	ULISSES
IVO	EDU
OLÍVIA	ALINE